PIERRE BOUSSAROQUE

SAINT ANTOINE DE PADOUE

Éditions HÉCATE
3 bis, rue Dumaine
85400 Luçon

ISBN 2-86913-114-3

À Jean-Baptiste Rethin

Devant la ruine de toutes les œuvres terrestres de Notre Seigneur Jésus-Christ, l'angoisse que certaines âmes ressentent deviendra universelle dans un laps de temps que chacun peut situer avec plus ou moins de précision selon sa connaissance du plan des affidés de Satan. Ce n'est donc pas prophétiser de dire qu'il deviendra impossible d'échapper à cette angoisse, tellement la situation se dégrade vertigineusement.

Il importe à cet effet d'adopter une véritable spiritualité, c'est-à-dire une forme particulière de piété. Quel doit être l'axe de cette « spiritualité de combat » ?

« L'iniquité a inondé la terre, elle n'est qu'iniquité. Quels saints prierons-nous? » s'écrie tout à coup Dom Caliste, au milieu d'un profond silence, lors d'un office de l'Abbaye de Cluny, en 1751, trente-huit ans avant la Révolution. Nous nous posons la même question à une époque où la Révolution a triomphé dans le saint des saints.[1]

Nous prierons les saints que l'Église nous donne comme protecteurs. Spécialement **saint François d'Assise et saint Antoine de Padoue.**

Même si aucune époque n'a été témoin d'une crise religieuse comme la nôtre, celle de saint François d'Assise retient notre attention puisqu'il reçut cet « appel ».

« Il y avait dans les environs d'Assise, au milieu des vergers, une petite chapelle consacrée à Saint Damien, à moitié démolie. Des murs fendus par les lézardes, de vieux bouquets depuis longtemps fanés, des statues poussiéreuses et point de lumière devant le tabernacle.

---

[1] Lire *L'Église éclipsée ?* des Amis du Christ Roi (120 F + port 20 F).

François s'y rendait souvent, et là, près d'un ancien crucifix, il priait :

"Mon Seigneur bien-aimé. combien je voudrais vous aimer ! Mon Seigneur et Dieu, je vous donne mon cœur et mon corps. Mais avec quelle joie je voudrais f«ire davantage, si je savais comment !"

Et la voix bien connue parle de nouveau :

"François, ma maison tombe en ruines et s'écroule. Va et reconstruis-la." *»*

(Extrait de *Saint François d'Assise*, d'Andrée Duvouldy, Éditions Téqui.)

Saint François ne sera pas seul à opérer ces merveilles de « reconstruction ». **Saint Antoine de Padoue sera placé par Dieu près de lui** en place d'honneur.

Pourquoi donc s'attacher à ce saint et lui consacrer une étude ?

Saint Antoine de Padoue a prophétisé que le Sacré-Cœur de Jésus serait le remède suprême pour la fin des temps. Or jamais, après saint François d'Assise, il n'y eut amant plus passionné de Jésus et de son Divin Cœur que Saint Antoine. Il en a reçu les faveurs et toute l'expression sur la terre et au ciel. Rapportons ici, à la suite du P. Marie-Antoine, les propos de la Vénérable Jeanne Marguerite de la Croix, de l'Ordre Séraphique. Ainsi expose-t-elle la vision qu'elle eut le jour de la fête de saint Antoine de Padoue :

« Je vis tout le ciel en fête et l'âme de ce glorieux saint portée par les anges jusqu'au trône de ***Jésus-Christ*** *; celui-ci* ***ouvrait toute grande la plaie de son Cœur et ce Cœur tout rayonnant de lumière et enflammé attirait et absorbait cette âme****, comme la lumière du soleil absorbe toute clarté.* ***Dans le Cœur de Jésus, l'âme du saint m'apparaissait comme une perle précieuse et étincelante*** *; le jeu varié de ses rayonnantes couleurs* ***me*** *représentait les admirables vertus du Saint. Jésus prit ensuite cette perle et la sortant de son Cœur, il l'offrit au Père Céleste qui la fit admirer aux anges et aux saints, et tout le ciel applaudit. »*

« Quel triomphe, commente, élogieux, le P. Marie-Antoine. *Ô bien-aimé saint Antoine, obtenez-nous un grand amour pour le Cœur de Jésus ! »*

Nous consacrons donc cette brochure à **saint Antoine de Padoue.** Il fut l'un des plus extraordinaires entraîneurs de foules que le Moyen Âge ait connus : neuf années environ de vie publique lui ont suffit à acquérir, par sa vertu et son éloquence, une gloire qui ne craint guère de comparaisons.

En 1931, quand le septième centenaire de la mort du Saint fut célébré par des fêtes, religieuses et même civiles, d'un grand éclat, en Italie, au Portugal, en France, S. S. Pie XI adressa à l'évêque de Padoue, Mgr Elia dalla Costa, une lettre apostolique où il indiquait en ces termes quel est le caractère le plus frappant de la dévotion à saint Antoine et comme cette dévotion est parfois un peu détournée de ce qui devrait être son véritable but :

« On sait bien, Vénérable Frère, que la plupart des fidèles entourent saint Antoine d'un culte populaire fort enthousiaste et lui adressent des prières en très grand nombre ; mais n'est-ce pas surtout et en premier lieu dans le dessein d'obtenir de lui des biens temporels et même souvent des choses extraordinaires et tout à fait prodigieuses, puisque aussi bien ils ne connaissent et ne voient en saint Antoine que le thaumaturge et ignorent la plupart du temps les remarquables aspects de sa sainteté. »

(Lettre apostolique *Antoniana sollemnia,* publiée dans les *Acta Apostolicae Sedis*, 5 mars 1931 ; traduction de la *Documentation catholique*, 11 avril 1931.)

La Vierge Marie évidemment mise à part, quel est le Saint dont aujourd'hui on rencontre le plus fréquemment l'image dans les églises et chapelles de la chrétienté ? C'est l'image d'un jeune Franciscain blond et rose, la tonsure impeccable, un lys dans la main droite, et qui contemple l'Enfant Jésus, juché d'une manière bizarre sur le livre qu'il tient de la main gauche.

D'ailleurs, ce n'est qu'au XVIIe siècle que l'Enfant Jésus est devenu un véritable attribut de saint Antoine.

Et que demandent à saint Antoine ses innombrables dévots ? Le plus souvent, hélas, des biens temporels, voire des prodiges, et surtout de leur faire retrouver les objets perdus.

Ce pouvoir attribué à saint Antoine remonte à la plus haute antiquité de son culte, puisqu'on le trouve déjà signalé dans la *Vita auctore anonymo* des Bollandistes (Acta Sanctorum iuni, t. II de l'édition originale, t. III de l'édition de Paris, Palmé).

Voici résumées par Julien de Spire les causes très connues de la renommée universelle de saint Antoine de Padoue : *« Si vous cherchez des miracles, la mort, l'hérésie, les malheurs, le démon, la lèpre sont mis en fuite, les infirmes se lèvent guéris ; les flots s'apaisent. les chaînes tombent ; jeunes et vieux demandent et retrouvent la santé et les objets perdus... »*

Traditionnellement donc, **saint Antoine de Padoue est invoqué pour retrouver un objet**. Plus spécialement, il doit être invoqué en notre début de XXIe siècle pour que la sainte Église catholique, éclipsée et persécutée par la nouvelle « église conciliaire » (hérétique et schismatique), retrouve son éclat, et que les conditions de la restauration se réalisent.

À l'heure où les péchés sont inscrits dans les lois, et la permissivité triomphante ; alors que les mauvais conducteurs des peuples, les pasteurs de l'enfer, sont légions ; alors que l'univers a édifié de nouveaux autels, créé une nouvelle religion pour adorer le plus grand ennemi du genre humain, Satan, c'est en vain que l'on cherche un saint !

Mais heureusement, un saint doit être considéré tel un modèle pour **tous les temps** et tous les pays.

À n'en pas douter, saint Antoine de Padoue est l'un d'eux et il faut l'invoquer afin que le monde : retrouve la foi, revienne à Jésus-Christ Fils de Dieu et rejette la religion « noachide » que la Rome apostate entend imposer[1], aime la doctrine, respecte les dogmes ; et que triomphe la sainte Église catholique.

---

[1] *La nouvelle religion « noachide » de l'an 2000, ou celle du Sinaï* (25 F + port 8 F).

Aujourd'hui **saint Antoine de Padoue** est en effet **en mesure de nous faire retrouver « la foi des anciens jours ».**

L'invocation à saint Antoine de Padoue ne sera nullement stérile puisque le triomphe éclatant de l'Église est promis à la porte du siècle qui s'ouvre.

Mais, *« pour percer la voûte des cieux et en faire descendre la puissance et la miséricorde divine, nous ne serons pas mieux traités que le Maître. Or **c'est le cri poussé par Notre Seigneur avant de rendre l'esprit qui a percé la voûte des cieux et en a fait descendre le Saint-Esprit**, cinquante jours plus tard. **Et ce cri lui a été arraché par la douleur.** »* (Extrait de *La Bataille préliminaire* de Jean Vaquié.) S'il est *à* craindre *« que notre clameur n'atteigne l'intensité suffisante que quand elle nous sera arrachée par la douleur »* (idem), demandons à saint Antoine de Padoue les grâces nécessaires qui accompagnent toujours les épreuves.

VIE DE SAINT ANTOINE DE PADOUE

Si l'image populaire du thaumaturge de Padoue ne nous paraît pas toujours s'harmoniser parfaitement avec l'image que nous dégageons des plus sûrs documents historiques, sa gloire n'en subit aucune atteinte, son auréole n'en est nullement ternie.

Dans l'exercice héroïque des vertus chrétiennes, et surtout des vertus plus spécialement franciscaines, avec son éloquence entraînante qui subjuguait les foules, saint Antoine de Padoue nous apparaît, dans le recul des siècles, comme l'une des plus belles et des plus attachantes figures du Moyen Âge.

I

L'enfance du saint

Contrairement à l'opinion commune, **Antoine n'est pas un Italien, mais un Portugais** adopté par l'Italie.

L'enfant qui devait illustrer le nom d'Antoine, reçut au baptême celui de **Fernando, à Lisbonne**, en 1195.

La ville où il naquit, grandit et s'instruisit, s'appelle Lisbonne. Ses parents étaient nobles et puissants, nous dit le chroniqueur italien Rolandino, généralement bien informé. Ils habitaient une belle maison, en rapport avec leur situation sociale, située près d'une grande église, dédiée à la Vierge Marie et où étaient vénérées les reliques de saint Vincent martyr. À la naissance de Fernando, ils étaient jeunes. Ils firent instruire l'enfant dans les « lettres sacrées » par les prêtres de cette église voisine. *« Il ne lâcha jamais la bride à ses passions, mais il menait une vie chaste et cherchait à plaire à Dieu seul. »*

Voilà tout ce que nous savons de certain sur l'enfance du Saint. Il est probable cependant que nous ne nous aventurons pas beaucoup, en supposant que ses parents et ses maîtres rivalisaient de zèle pour développer la piété dans son âme et le culte des vertus chrétiennes.

II

De Lisbonne à Coïmbre

À quinze ans, c'est-à-dire vers 1210, Fernando résolut de combattre les tentations de la chair qui, d'après l'auteur de la *Legenda prima*, étaient déjà très vives chez lui.

Pour ce faire, il entra dans un monastère de Chanoines réguliers, situé près des murs de Lisbonne et dédié à saint Vincent ; il y prit l'habit religieux et il y fit ses premiers voeux sous la règle de saint Augustin.

Ces Chanoines réguliers n'étaient pas des moines, mais des prêtres vivant en communauté, sous des Constitutions qui n'avaient pas été établies par l'évêque d'Hippone. mais qui s'inspiraient de ses préceptes. Chaque congrégation pouvait apporter des précisions à la règle générale et la développer sur des points particuliers.

Le monastère où entra Fernando était une filiale de Sainte-Croix de Coïmbre. Les Chanoines réguliers exerçaient ce que nous appelons aujourd'hui le ministère paroissial, et s'adonnaient à l'étude, non par spéculation pure, mais dans un but direct d'apostolat.

Arrêtons-nous quelques instants sur ce point. Saint Antoine de Padoue entra dans un monastère, dépendant de Sainte-Croix de Coïmbre. Qui plus est, nous savons qu'il était portugais. À ce titre il sera promu, en 1814, lieutenant-colonel honoraire de l'armée portugaise.

Or Notre-Dame choisira d'apparaître au Portugal à trois enfants : Jacinthe, sept ans, François, neuf ans, et Lucie, dix ans, seule survivante et actuellement religieuse à Coïmbra, dans la région des apparitions !

Nous obtenons ensuite confirmation des qualités de ce saint quant au maintien de la foi. En effet, voici ce qu'écrit M. Reboul dans *Le Figaro* du 30 mars 1986 : *« ... De la troisième partie du secret, Lucie n'a révélé que la première phrase,* ***"au Portugal se conservera toujours le dogme de la foi"****. »* D'où le P. Alonso conclut qu'il n'en sera pas de même ailleurs, que ce secret fait allusion *« à la crise de la foi de l'Église et à la négligence des pasteurs eux-mêmes ».*

N'est-ce pas à la faveur de saint Antoine de Padoue que la nation portugaise garderait la Foi ?

Fernando ne demeura que deux ans à Saint-Vincent. À quelques pas des murailles de Lisbonne, il y recevait trop de visites ; il en était importuné. Fernando ne l'entendait pas ainsi : il n'avait pas quitté le monde pour que le monde le « relançât » ; il exigeait la rupture. Avec l'autorisation, difficilement obtenue semble-t-il, de ses supérieurs, il passa à la maison mère : **Sainte-Croix de Coïmbre**.

Cette fois, il y resta huit ans, et sans doute y serait-il resté jusqu'à sa mort, si une « religion » nouvelle, au sens médiéval du mot, ne l'avait engagé dans une autre voie, ce qui eut lieu vers l'automne 1220.

Que fit-il pendant ces années de jeunesse, qui sont décisives dans la formation de tout homme, qu'il soit destiné à devenir plus tard un saint ou un bandit, ou, ce qui est l'usage normal, un citoyen d'une médiocrité plus ou moins honnête ?

L'auteur de la *Legenda prima* a consacré à ce sujet un bref chapitre. *« Ce que Fernando avait lu, il le confiait à sa mémoire tenace, de telle manière qu'il acquit bientôt une science de l'Écriture dont tous furent surpris. »* Jean Rigauld est aussi affirmatif : *« Sa mémoire lui tint désormais lieu de livres. »*

Cette précieuse faculté devait lui être fort utile : en bref, il amassa chez les Chanoines réguliers la science qu'il devait mettre en œuvre chez les Mineurs. Car une rencontre, dont on peut dire qu'elle fut providentielle allait bouleverser sa vie et donner à son activité une orientation insoupçonnée.

III

Sur les pas de saint François

La gloire d'un saint est toujours en proportion avec la grandeur de sa mission, et la gloire qu'il a lui-même rendue à Dieu. Rien ne glorifie tant Dieu que la rédemption des âmes.

Plus un saint a coopéré à cette œuvre de rédemption, plus il mérite de gloire. Saint Antoine de Padoue occupe dans l'œuvre de la Rédemption une place remarquable.

Il est donc **le fils de saint François d'Assise**[1] et associé dans la grande œuvre de la gloire de Dieu, rédemption en tant que chef-d'œuvre que le Christ est venu accomplir sur la terre. Pour accomplir ce chef-d'œuvre, le Christ a incliné les cieux. Il est descendu parmi nous, et Lui qui d'un seul mot avait créé le monde, est mort pour le rachat de l'humanité. Ce n'était pas assez pour son amour. Cette œuvre de la rédemption passionne tellement son cœur qu'il a voulu la renouveler. Le prophète l'avait annoncé : *« Voilà votre chef d'oeuvre, ô mon Dieu. Ce n'est pas assez de l'accomplir une fois. Il convient qu'il soit renouvelé à travers les âges. »* Ce que le prophète a dit a été fait. Du milieu des âges, un homme apparaît sur la terre. Le monde étonné le voit tout à coup sortir comme un soleil des abîmes du néant où son humilité le plonge. François d'Assise est son nom : *« C'est l'Orient*, s'écrie Dante. *C'est l'Orient qui se lève à Assise. »*

Saluer le nouveau Rédempteur, l'Église ne manque jamais de le faire chaque fois qu'elle conduit ses enfants à la suite du Christ sur le chemin de l'Éternelle Vie. Le froid de la mort envahissait le monde et par les plaies de François, Dieu a ranimé le feu de l'amour, renouvelé la face de la terre. Rien de si grand, rien de si magnifique ne s'est accompli depuis. François n'était pas le seul pour opérer ces merveilles. **Saint Antoine de Padoue sera placé par Dieu près de lui** en place d'honneur.

L'ardent message d'amour, de pauvreté et de joie, parti de la colline d'Assise et de la vallée de Spoete, à la voix et à l'exemple d'un des plus grands Saints de l'Église catholique, qui est aussi l'un des plus grands génies et des plus grands poètes de tous les temps, s'était répandu, dans l'Italie et déjà même au-delà des Alpes, avec une prodigieuse rapidité et dans un enthousiasme indescriptible.

---

[1] Le vénéré Antoine de Padoue fut l'un des compagnons et disciples préférés de saint François, qui l'appelait *« mon évêque »* en raison de ses vertus et de la renommée de sa prédication.

Autour de ces douze pauvres Frères que François avait conduits à Rome en 1210, pour y recevoir l'approbation, purement orale d'ailleurs, de la Règle primitive par Innocent III, des milliers d'hommes s'étaient groupés, animés d'un même idéal sublime : *« Ils vivent selon la forme de la primitive Église »*, écrivait Jacques de Vitry dans une lettre célèbre, datée d'octobre 1216. Le Chapitre général de 1217 avait marqué une étape importante de la fondation de l'Ordre des Frères Mineurs ; on y avait établi une hiérarchie, institué les Provinces, organisé les missions hors de l'Italie. La conversion des infidèles était au premier plan des préoccupations de François, qui avait trouvé, dans ces expéditions lointaines et périlleuses, la réalisation, sur le plan divin, de ces rêves chevaleresques qui le hantaient dès sa jeunesse dans la boutique paternelle.

Le 16 janvier 1220, les Frères Bérard, Pierre, Othon, Adjuto et Accursio, furent mis à mort au Maroc, apportant à l'Ordre la consécration sanglante du martyre. Il se trouvait que le commandant des troupes du Miramolin était un prince portugais, Don Pedro, frère du roi Alphonse II. Il put recueillir les corps et les conduisit lui-même en Espagne, d'où il les fit transporter dans sa patrie par un de ses lieutenants. Ils furent ensevelis, avec de grands honneurs, à Sainte-Croix de Coïmbre, où résidait Fernando chez les Chanoines réguliers.

Il fut profondément touché par ces événements dramatiques. Là-dessus, l'accord des anciens biographes est absolu. Rien ne vaut plus que de les écouter, pour essayer de pénétrer au plus intime de l'âme de ce jeune homme de vingt-cinq ans.

« L'écho qui apportait ainsi aux peuples, écrit Jean Rigauld, *la grande nouvelle de la mort, du glorieux triomphe, et des miracles éclatants des saints martyrs, ne vola point en vain jusqu'aux oreilles de Fernando. Pareil au cheval intrépide, il était prêt pour la bataille ; semblable à l'éléphant, la vue du sang l'excitait au combat. Aussitôt en effet, il conçut et forma le projet de prendre l'habit des Frères Mineurs, afin de pouvoir mener la vie qu'avaient menée ces glorieuses victimes, et, comme elles, con-*

quérir la couronne : "Je prendrai leur habit, disait-il, et ainsi j'irai au combat." Ô martyr du désir, ô Antoine, combien était grand votre zèle à chercher la mort des martyrs !... »

Cette mort, à laquelle Fernando aspirait de toute sa ferveur religieuse et de toute l'ardeur de sa jeunesse, il ne devait pas l'obtenir : la Providence en avait autrement décidé. Mais il est certain que c'est la soif du sacrifice suprême, soif qu'avait aussi goûtée celui qui allait devenir son maître, qui le fit entrer dans la voie nouvelle où il devait trouver à la fois, à défaut du martyre, la sainteté qu'il cherchait et la gloire qu'il ne cherchait pas.

Une circonstance fortuite favorisa la réalisation de ses projets. Les Frères Mineurs s'étaient établis en Portugal dès 1217. Et ils y avaient reçu, de la reine, un petit couvent, près de Coïmbre, dédié à saint Antoine – il s'agit naturellement de saint Antoine ermite. Une tradition, qui ne paraît d'ailleurs pas établie avec une certitude absolue, nous assure que Fernando, hôtelier de Sainte-Croix, aurait reçu dans son monastère les futurs martyrs avant leur départ pour le Maroc. Quoi qu'il en soit, il est certain qu'il fut en relations fréquentes avec les Frères de Saint-Antoine, qui venaient lui demander des aumônes. Après la sanglante tragédie du Maroc, il s'ouvrit à eux de ses projets.

Ces bons Mineurs, simples et illettrés, furent ravis de cette aubaine inattendue : un Chanoine régulier, un homme de science, qui venait à eux, humbles ignorants, ignorants de tout, sauf de l'amour et de la pauvreté, et d'une sublime poésie, dont ils ne soupçonnaient pas l'existence ! *« Ils éprouvèrent une joie immense »*, écrit Jean Rigauld.

La décision prise fut très rapidement exécutée. L'autorisation de son supérieur était nécessaire à Fernando pour quitter les Chanoines réguliers : il l'obtint, mais non sans peine. Quant à ses collègues, ils semblent, ce qui est très humain, n'avoir de son départ éprouvé qu'une joie médiocre. On peut du moins le conjecturer d'un curieux épisode que rapportent, en des termes à peu près identiques, plusieurs de ses anciens biographes. Un Chanoine se précipita vers lui et, *« dans l'amertume de son cœur »*, il lui dit : *« Va, va, car tu deviendras peut-être un Saint... »* À quoi Fernando répondit en toute humilité : *« Si tu l'apprends un jour, tu en adresseras certainement des louanges à Dieu. »*

C'est à ce moment qu'il abandonna son nom pour prendre celui du saint patron de son nouveau monastère. Quelles sont les raisons qui le poussèrent à cet acte insolite et contraire à l'usage de la primitive famille franciscaine ? Nous l'ignorons.

Antoine ne fut pas novice, car ce n'est précisément qu'en cette année 1220 que l'épreuve du noviciat fut imposée aux disciples de saint François, par une bulle d'Honorius III, datée du 22 septembre. Avant qu'elle ne soit arrivée en Portugal, Antoine, fidèle à l'esprit de sa vocation, avait déjà quitté sa patrie pour aller chercher le martyre au Maroc. Il eut certainement un compagnon, dont nous ignorons le nom ; c'était, dès l'origine, la coutume des Mineurs de cheminer par deux.

Nous ne savons rien du séjour d'Antoine sur la terre d'Afrique, sinon qu'au lieu du martyre il y trouva la souffrance, sous la forme d'une maladie qui paraît avoir été fort longue, et qui épuisa ses forces. Comprenant qu'il ne pourrait supporter le climat, il s'embarqua pour l'Espagne. Une violente tempête rejeta son navire en Sicile, où il demeura un temps inconnu, et où il apprit, par les Frères de Messine, qu'un Chapitre général de l'Ordre allait se tenir à Assise le 30 mai 1221, fête de la Pentecôte. Il décida de s'y rendre.

Pendant plus de huit jours, trois mille Mineurs furent rassemblés à ce Chapitre célèbre. Frère Élie présidait ; Élie de Cortone, personnage énigmatique, avait succédé à François, lequel s'était démis de sa charge de directeur de l'Ordre en 1220 en faveur de Pierre de Cattani, mort le 10 mars 1221.

Mais François demeurait le vrai chef, le maître spirituel. Nous le voyons, au Chapitre, *« assis aux pieds de*

Frère Élie, et le tirant par sa robe », quand il avait une communication à faire.

François prit la parole ; parmi les plus humbles, Antoine écoutait. Les textes ne nous disent rien de ses réactions intérieures. Peut-être pouvons-nous les deviner dans une faible mesure. *« Que béni soit le Seigneur mon Dieu, qui fortifie mon cœur pour la lutte »*, tel fut le thème de la prédication de François, qui développa son enseignement sur les vertus, sur la patience dans les tribulations, sur les exemples qu'il faut donner au monde, avec ce charme puissant de persuasion dont témoignent tous ceux qui l'ont entendu. Quelles résonances dans l'âme de ce jeune Portugais de vingt-six ans qui avait vainement couru au-devant du martyre !

Le Chapitre terminé, les Frères se séparèrent, regagnant leurs maisons sur les ordres de leurs Ministres. Personne ne s'inquiétait d'Antoine qui, débarqué du Maroc par la Sicile, n'appartenait à aucune Province. Personne ne soupçonnait que c'était un ancien Chanoine régulier, d'une science et d'une culture bien supérieures à celles de la plupart de ses nouveaux compagnons.

Antoine, dans son humilité et dans son ardeur à ne plus vouloir *« connaître, désirer, embrasser que Jésus et Jésus crucifié »*, ne s'en vantait évidemment pas ; mais il s'approcha du Frère Gratien, Ministre de Romagne, et le supplia de le prendre avec lui, après autorisation d'Élie, et de lui enseigner les premiers principes de la vie spirituelle. Le Frère acquiesça à sa prière, et, dès qu'ils furent arrivés en Romagne, Antoine lui demanda de lui assigner un ermitage où il pût prier et méditer dans la solitude ; ce fut San Paolo près de Forli.

Ce geste était dans la pure tradition de François, pour qui **la vie contemplative était la préparation indispensable à l'apostolat**. Il existe, parmi les rares œuvres authentiques du saint d'Assise, un bref et très curieux règlement intitulé *De religiosa habitatione in desertis*, qui nous prouve que le fondateur de l'Ordre, sans imposer ce genre d'existence à ses disciples, le prévoyait et le conseillait.

Nous ne savons pas combien de temps Antoine vécut à San Paolo ; on pense une année environ. Les meilleurs historiens admettent que sa prédication en Romagne commença en 1222.

Nous sommes, au contraire, assez bien renseignés sur **le genre de vie qu'il mena pendant ces quelques mois où il se prépara, sans s'en douter, à son éclatante carrière publique**.

Un Frère s'était construit une cellule, propre à la prière et à la méditation *in crypta suadam*, ce qui signifie qu'il avait tant bien que mal arrangé une grotte. Antoine le décida à lui céder ce logement primitif et inconfortable.

Après avoir assisté au chapitre du matin, il quittait ses frères, emportant de l'eau et un peu de pain et, jusqu'au moment où la cloche l'appelait à la collation, *« il se livrait entièrement au service de Dieu »*.

Parfois, il défaillait.

Et les Frères devaient le soutenir.

« Dans la solitude, conclut Jean Rigauld, *il cueillait des graines et des semences de choix, qu'il sèmerait ensuite par ses prédications. »*

IV

Saint Jean et saint Antoine de Padoue

Parmi les disciples qui entourent François comme les apôtres entourent le Christ, saint Antoine de Padoue est le privilégié, le plus aimé de tous. Il a sur le cœur de François la même place que saint Jean avait sur le cœur de Jésus. Entre lui et cet apôtre bien aimé, une conformité parfaite. Comme saint Jean, **il l'appelle le Fils du Tonnerre**, Antonius Alte Tonans. Comme saint Jean, il est le Fils Aimé de Marie. N'est-il pas né le jour de l'Assomption Glorieuse, et l'amour de sa tendre mère n'a-t-il pas fait toujours ses délices ? Comme saint Jean, il a mis son bonheur à demeurer près d'elle auprès de la Croix. Mort, il l'a trouvé debout. Il a voulu verser son sang pour Jésus puis échanger le martyre du sang pour le martyre bien plus long, bien plus douloureux, de l'amour, du sacrifice.

Comme saint Jean, Antoine porte dans sa main le lys des vierges. Caressé par Jésus, aimé par lui, il s'élève comme l'Aigle dans les hauteurs de la science divine et dans les profondeurs des mystères de Dieu.

Comme lui, il est a la fois apôtre, prophète, thaumaturge.

Comme lui, il terrasse l'hérésie puis il a les gloires du martyre sans être martyr lui-même.

Comme lui enfin, il semble ne jamais mourir. Il vit dans les cœurs tant il opère des merveilles de sorte qu'on peut dire de lui comme de saint Jean : voilà le disciple qui ne meurt jamais.

Parmi les admirables conformités avec l'apôtre de l'amour, la plus glorieuse est de porter comme lui le lys de la virginité. Notre saint est ainsi un miracle saint de la Rédemption en même temps qu'il est un ouvrier magnifique.

L'homme est un lys vivant. Jésus qui se plaît parmi les lys se faisait ses délices d'être dans ses bras. Jamais en lui les sens n'ont troublé un seul instant l'ordre de l'amour. Sans le péché originel, il en serait ainsi pour tous, les sens demeurant dociles à l'âme ne seraient jamais révoltés. L'amour serait demeuré chaste comme l'amour d'une mère.

Cette révolte des sens, cette perversion dans l'amour est la plus grande humiliation de l'homme, son grand châtiment. La chasteté était le plus grand triomphe de la rédemption et la vertu la plus glorieuse. Elle élève l'homme au-dessus de lui-même. La grâce de Dieu peut seule la donner.

Il convient de garder à l'esprit les cinq points fondamentaux suivants, qui permettent d'obtenir et de conserver la chasteté : la prière, la pénitence, la fuite des occasions, l'amour de Marie, l'Eucharistie.

Saint Antoine de Padoue, dans sa vie et dans son œuvre, les a cultivés au point de servir en tout cela de modèle parfait. Ne demandez donc plus pourquoi tant de gloire est rendue à ce saint. La réponse est dans l'Office de saint Jean :

« Vous ne glorifierez jamais assez celui qui a eu l'honneur insigne de coopérer avec le séraphin d'Assise à l'œuvre de la Rédemption et de reposer sa tête sur son cœur. »

Prière pour demander la sainte pureté

Très chaste saint Antoine, vous qui, par votre angélique pureté, avez mérité de converser intimement avec les anges, avec Marie, la Vierge des vierges, et avec Jésus, le lys des vallées, c'est-à-dire des âmes humbles et pures, ah, daignez abaisser sur moi votre regard bienveillant. Ô vous qui, par le seul contact de votre vêtement, avez pu communiquer à d'autres le don de pureté, sanctifiez mon âme et mon cœur par votre puissante intercession ; purifiez mes sens, mon esprit et mon cœur ; faites que, exempt de toute pensée et de tout acte contraire à l'angélique vertu, je puisse imiter votre séraphique pureté. Obtenez-moi de persévérer dans la pratique de cette belle vertu, afin que je puisse être agréable à la Mère du divin amour et à Jésus, que vous avez tant aimé. Puissé-je, par votre intercession, entrer dans le saint Paradis et comme ceux-là seuls peuvent y entrer qui ont l'âme pure au moment de la mort, obtenez moi la grâce d'une bonne et sainte mort. Ainsi soit-il.

Saint Antoine et l'Enfant Jésus

Pourquoi, dans ses antiques images, ce saint est-il souvent représenté caressant d'une main l'Enfant Jésus, et de l'autre portant un cœur enflammé ? C'est facile à comprendre. Il demeure établi en effet qu'il a été au XIIIe siècle, le prédicateur, le docteur et l'écrivain du Cœur de Jésus.

« Pendant que saint Antoine de Padoue parcourait la France, semant, à chaque pas, de nouveaux prodiges, convertissant les pécheurs, confondant les hérétiques, répandant partout la lumière, la bénédiction et la paix, il reçut un jour l'hospitalité dans une pieuse famille de Limoges. Son hôte lui choisit la chambre la plus séparée et la plus tranquille afin que rien ne pût troubler ses contemplations. Or, qu'arriva-t-il ? Le saint apôtre, se croyant dans sa chambre, aussi loin des mortels que lorsqu'il priait dans les grottes profondes, se mit à pousser vers le ciel des gémissements ineffables et adressa à la Sainte Vierge Marie la prière qui ouvrait toujours les cieux et faisait descendre dans ses bras le Bien-Aimé de son cœur. **"Ô Mère bien-aimée, portez-moi votre divin enfant."**

Et Marie lui porta le Divin Enfant.

Pendant qu'il le pressait sur son cœur, son hôte qu'il croyait depuis longtemps endormi mais qui veillait encore s'approche de la chambre. Ô merveille ! De la petite fenêtre qui dominait la porte, il voit sortir des rayons de lumière. Étonné, il monte sans bruit jusqu'à la petite fenêtre et voit le Saint environné d'anges et tenant dans ses bras un enfant ravissant, debout sur le livre des Écritures. Saint Antoine le couvrait de ses baisers brûlants d'amour.

L'hôte, ravi lui-même, ne pouvait contenir sa joie ; il se retira cependant sans bruit, mais Antoine, averti par le Divin Enfant, l'appelle après son extase, et lui fait promettre, de la part de Dieu, de ne jamais révéler ce secret tant qu'il sera en vie. L'hôte fut fidèle à son serment, mais dès qu'il apprit la mort de saint Antoine, il s'empressa, en poussant des cris de joie, et en versant de grandes larmes, de révéler ce miracle aussi exceptionnel que rare. C'est ainsi qu'on représente saint Antoine portant l'Enfant Jésus. »

(Extrait du livre du Franciscain Arnaud de Serranne – provincial du XIVe siècle : *Le Livre des Miracles*.)

Souvent nous perdons la présence de Dieu. Notre esprit s'égare et perd l'attention dans nos prières. Souvent nous perdons la charité, la dévotion et la grâce par notre négligence sans nous en mettre en peine. Que nous serions heureux, ô grand Saint, si par l'entremise de vos prières, nous pouvions retrouver ces biens de l'âme.

Du cœur de Jésus, saint Antoine dira :

« C'est là qu'est l'asile assuré et l'arche de la paix et de salut. »

Lui-même fut appelé *« l'Arche du Testament et le Docteur excellent de la Sainte Église »* par le pape Grégoire IX (1227-1241).[1]

Quelle en fut la circonstance?

« Le vénéré Antoine de Padoue fit un jour à Rome, sur l'ordre du pape, en 1230, un discours devant d'innombrables pèlerins venus pour gagner des indulgences. Il y avait là des Grecs, des Latins, des Français, des Germains, des Slaves, des Anglais et d'autres encore, parlant des langues différentes.

*C'est alors que l'Esprit Saint inspira miraculeusement ses paroles comme il l'avait fait jadis pour les Apôtres : tous les auditeurs, à leur stupéfaction, le comprenaient parfaitement, chacun d'eux l'entendant s'exprimer dans sa propre langue. Frère Antoine tint à cette occasion des propos sublimes et persuasifs, dont les assistants demeurèrent émerveillés. Voilà pourquoi le pape lui donna le nom d'*Arche du Testament. *»*

(Chapitre 48 des *Actus beati Francisci.*)

V

L'apostolat

Que va faire Antoine ?

Prendra-t-il l'épée des chevaliers, ou laissera-t-il cette épée pour prendre la langue des apôtres ?

Il tombe à genoux en ce moment solennel, implore la Vierge Immaculée, sa bien-aimée, et il l'entend aussitôt parler à son âme :

« Mon Fils, lui dit-elle, laisse l'épée de chevalier, choisis la langue des Apôtres. »

---

[1] Grégoire IX fut l'ami de saint François et protecteur de son Ordre.

Il obéit, à l'instant, son choix est fait, il est irrévocable. Et voilà qu'aussitôt la passion de l'apostolat le dévore, la flamme du génie l'illumine et le désir brûlant de prêcher pour sauver les âmes le consume, il va parler. Mais tout à coup, Marie fait entendre encore sa voix : *« Mon Fils*, dit-elle, *ne parle pas. Dieu demande encore de toi ce nouveau sacrifice ; tais-toi. »* Et il se tait. On le croira incapable de parler. On l'appellera imbécile, idiot ; il le sait, il l'accepte, il le veut.

Mais pendant que les hommes le rejettent et méprisent, Dieu dit à ses anges : regardez, contemplez, admirez ; et les anges regardent, contemplent, admirent, et le silence de Saint Antoine, géant d'humilité, se change en immortelle louange. Les anges portent cette louange jusqu'au trône de Dieu : Silentium laus.

Les circonstances où Antoine aborda la chaire chrétienne ont toute l'allure d'un coup de théâtre. Ses supérieurs l'envoyèrent à Forli, soit pour accompagner un groupe de Frères qui devaient y recevoir les ordres sacrés, soit pour y être ordonné lui-même. Était-il ou n'était-il pas prêtre lorsqu'il quitta les Chanoines de Saint-Augustin pour suivre la voie nouvelle ouverte par François ? La question, très discutée, n'est pas, faute de textes précis, définitivement résolue.

Le Ministre local, à l'heure de l'ordination, demanda à des Frères Prêcheurs, qui étaient présents, et aux Mineurs eux-mêmes d'adresser à l'assemblée quelques paroles d'exhortation. Tous se récusèrent, alléguant leur manque de préparation. En désespoir de cause, le Ministre se tourna vers Antoine et lui intima l'ordre de dire *« tout ce que le Saint-Esprit daignerait lui inspirer »*. Premier refus d'humilité. Commandement formel. Il ne restait qu'à obéir.

Antoine obéit donc. Il sort tout à coup des profondeurs du silence, comme le soleil des profondeurs de l'océan. Il parle, et sa voix a la force et la magnificence de celle de Dieu. Elle a la puissance du Père, la splendeur du Fils, et le feu, l'onction du Saint-Esprit ; c'est l'Éclair qui jaillit, la foudre qui écrase, la rosée qui rafraîchit, l'eau limpide qui désaltère et le miel qui nourrit : ceci n'est pas la langue d'un homme, c'est la langue de Dieu[1] !

« Ô langue sainte, l'humilité vous tenait dans le silence et l'obscurité, mais la charité vous avait remplie de science ; l'obéissance vous ayant ordonné de parler, vous avez éclairé l'hérétique et converti le pécheur ; vous vous êtes emparée des cœurs, vous êtes devenue un objet d'admiration pour les princes, de terreur pour les démons, pour les tyrans, mais aussi les délices des justes, la consolation des affligés ; et vous avez enseigné à tous les voies de la sainteté. »

« Ô langue sainte, langue d'un savant maître des choses divines, d'un interprète inspiré des Saintes Écritures, d'un Docteur de la Sainte Église, d'un apôtre zélé, du plus glorieux thaumaturge qui ait jamais été vu ! Langue justement appelée Arche du Testament *et porte-voix retentissant du Saint-Esprit ; la mort a arrêté votre mouvement, mais vous n'en faites pas moins sentir votre salutaire influence à ceux qui vous vénèrent. »*

---

[1] *« En l'an de grâce 1263 – après que Dieu eut délivré, par les mérites de saint Antoine, la ville de Padoue du joug du tyran Ezzelino, qui l'avait dévastée –, les Padouans, enflammés d'une ardente dévotion pour leur saint, érigèrent en son honneur une grandiose et magnifique basilique. Ils décidèrent donc d'y transférer son corps. Cela eut lieu dans l'octave de la Résurrection du Christ. La dépouille vénérée, qui était restée longtemps sous terre, fut exhumée.* **La langue de saint Antoine fut alors retrouvée aussi fraîche, aussi rouge et aussi belle, bien qu'elle soit restée en terre depuis plus de vingt-sept ans, que si le saint religieux venait tout juste de décéder.**

Alors le vénéré **frère Bonaventure** *– qui était à cette époque général de l'Ordre franciscain, et devait par la suite devenir cardinal et évêque d'Albano –, présidant cette cérémonie triomphale, prit cette langue entre ses mains avec un grand respect et, le visage inondé de larmes, il lui adressa, en présence de la foule, ces paroles empreintes de fervente dévotion :* **"Ô langue bénie, toi qui as toujours loué le Seigneur et l'as fait louer par beaucoup d'autres, il est aujourd'hui clairement démontré combien tu as de mérites devant Dieu !"** *Et, la baisant avec tendresse et piété, il ordonna qu'elle soit placée à part, avec des honneurs particuliers.*

La langue de saint Antoine est toujours exposée a la vénération des fidèles, dans un superbe reliquaire de style renaissance, dans la chapelle des Reliques. » (Extrait des *Fioretti de saint Autoine* par Arnaud de Serranne.)

« *Vraiment*, écrit Jean Rigauld, *ce fut merveille qu'on insistât tellement pour décider à prêcher un religieux inconnu dont les Frères ignoraient la science !* **Cela ne venait pas des hommes, mais de Dieu.** *Animé d'une sainte crainte, Antoine s'exprima d'abord avec simplicité ; mais illuminé par la grâce céleste et favorisé par sa mémoire, qui lui tenait lieu de livres, il employa, à mesure qu'il parlait, un langage si brillant, il élucida si clairement les profonds mystères des Écritures, il captiva les esprits par une éloquence si entraînante qu'il devint évident pour tous que la langue de l'homme vertueux a une abondance de douceur. Sa parole merveilleuse surprit et enthousiasma tellement les auditeurs qu'ils s'écriaient dans leur admiration : "Jamais homme n'a parlé comme celui-ci", et qu'ils avouaient à l'envi n'avoir jamais entendu pareil discours.* »

On devine que le Ministre Général de l'Ordre fut aussitôt informé de cette prodigieuse aventure et que la lumière nouvelle ne demeura pas sous le boisseau : **l'office de la prédication fut imposé d'autorité à l'humble laveur de vaisselle.** Il devait le remplir avec un éclat et un succès incomparables pendant les neuf années qui lui restaient à vivre.

Nous nous trouvons malheureusement dans l'impossibilité de suivre pas à pas les étapes triomphales de la prédication de saint Antoine : ses anciennes biographies manquent, à ce sujet, de précision et toute chronologie en est absente. Résumons brièvement ce que nous savons de plus sûr, ou de plus probable. La carrière du Saint, pendant les neuf années qui lui restaient à vivre, doit être divisée en trois périodes distinctes : son apostolat en Italie, son apostolat en France, son apostolat à Padoue.

C'est en Romagne qu'il fit ses premières armes après le sermon de Forli ; la *Legenda prima* est formelle ; mais comme l'auteur désigne par ce nom la province franciscaine, qui comprenait aussi toute la Lombardie, et qu'il ne cite que la seule ville de Rincini, où la conversion d'un hérésiarque, endurci depuis trente ans dans son erreur, frappa profondément les imaginations, l'itinéraire du Saint nous est inconnu.

Les hérétiques avec lesquels Antoine se trouvait aux prises étaient des Cathares, très puissants dans l'Italie du nord surtout, où on les désignait sous le nom de Patarins : les deux mots, du moins à cette époque, sont synonymes. Dans le Languedoc on les appelait généralement les Albigeois. Leur doctrine était manichéiste.

À l'apostolat du Saint en Romagne se rattache étroitement la question de l'enseignement théologique qu'il a donné. Il est certain qu'il fut un des premiers « lecteurs », c'est-à-dire un des premiers professeurs, de l'Ordre. Il aurait reçu à ce sujet une courte lettre de saint François d'Assise, dont l'authenticité, directement impliquée dans le fameux problème des idées du Poverello sur la science et les études, a fourni aux « franciscanisants » un thème inépuisable de discussions. En voici. le texte : *« À mon bien-aimé Frère Antoine, Frère François, salut dans le Seigneur. Il m'est agréable que tu enseignes aux Frères la sainte théologie, mais* ***à la condition que par cette étude ils n'éteignent pas l'esprit de sainte oraison et de dévotion,*** *comme il est écrit dans la Règle. Adieu. »*

Où, comment et dans quelles conditions Antoine donna-t-il des leçons de théologie à ses frères ? Quel était le degré de cet enseignement ? Nous n'en savons trop rien. Bologne, Toulouse, Montpellier, et d'autres villes encore, revendiquant l'honneur de l'avoir eu comme « lecteur » dans leurs murs.

Nous ne sommes pas mieux renseignés sur la date de son arrivée en France, où il allait passer plusieurs années. On accepte en général 1223 ou 1224. Mais nous avons cependant ici le bonheur trop rare de posséder une date certaine : nous savons, par un chroniqueur de Saint-Martin de Limoges, Pierre Coral, qui fut longtemps prieur de ce monastère, qu'il habitait en 1226 avec d'autres Frères Mineurs, dans les dépendances de l'abbaye. Nous apprenons d'ailleurs, par Jean Rigauld, qu'il séjourna une année entière dans cette ville où sa prédication produisit de grands fruits, et qu'il fut Custode du Limousin. Enfin les Bollandistes ont démontré, par une discussion très serrée, que c'est à Limoges que, sur les instances de ses frères, il rédigea le recueil de ses *Sermones Dominicales* (*Analecta Bollandiana*, 1911, p. 307-315).

Il est encore établi, par le récit de Jean Rigauld, qu'il *« fonda en personne le premier couvent des Frères Mineurs à Brive »*, où, d'après le *Liber Miraculorum* et une tradition orale solidement établie, il mena quelque temps la vie contemplative dans des grottes toujours très vénérées. Il prêcha à Bourges, où un curieux incident nous permet de saisir sur le vif un caractère inattendu de sa prédication. Contrairement à saint François d'Assise, il n'hésitait pas à s'attaquer directement aux puissants. Dans un synode, dit Jean Rigauld, il s'adressa, avec beaucoup de ferveur et de véhémence, à l'Archevêque : *« C'est à vous que je vais parler, porte-mitre ! »* (Le texte latin est plus énergique et moins respectueux : *« Tibi loquar, cornute ! »* Alors il se mit à reprocher au prélat certains vices qui pesaient sur sa conscience. Il le fit si vertement que l'Archevêque, touché de componction, lui ouvrit sa conscience après le synode et, *« plus fidèle à Dieu et aux Frères, montra désormais plus de sollicitude dans l'accomplissement de sa charge »*.

Beaucoup d'autres villes de notre pays ont certainement entendu la voix de l'ardent apôtre franciscain ; car Jean Rigauld reconnaît nettement que son énumération est incomplète, et plusieurs lieux peuvent invoquer certaines précisions, données par des biographes à la vérité un peu tardifs.

Enfin, saint Antoine prêcha en Provence. Le fait est attesté, en dehors même de Jean Rigauld, par un document de premier ordre, *La Vie de saint François d'Assise* par Thomas de Celano. À un Chapitre provincial tenu à Arles, *« Frère Antoine, à qui le Seigneur avait donné l'intelligence des Écritures et une éloquence plus douce que le miel pour parler de Jésus à tout le peuple »*, prononçait un sermon sur ce thème *« Jésus de Nazareth, Roi des Juifs »*, lorsque le Frère Monaldo, *« de grande réputation, de vertu plus grande encore... vit, de ses yeux de chair, le bienheureux François élevé dans les airs, les bras en croix, bénissant les Frères »*. (Vita prima, I, XVIII.) La scène est rapportée dans les mêmes termes par saint Bonaventure qui copie Celano, mais qui ajoute que saint François aurait parlé lui-même de cette apparition. (*Legenda S. Francisci*, édition des Pères de Quaracchi, IV, 10. Cette apparition a souvent inspiré les peintres, notamment Giotto, ou un de ses élèves, dans une fresque de la basilique supérieure d'Assise.)

VI

Le thaumaturge

Parmi les invocations adressées à saint Antoine de Padoue et tirée de la Bulle de canonisation ainsi que des écrits de saint Bonaventure, on relève celle-ci : ***« Ô saint Antoine, le plus illustre des Thaumaturges ! »***

Thaumaturge veut dire : faiseur de miracles. Jamais saint, en effet, n'a fait, pendant sa vie et après sa mort, un nombre aussi considérable de miracles, de prodiges divers et étonnants. Ainsi Grégoire IX l'affirme-t-il dans la Bulle de sa canonisation en le proclamant Grand Thaumaturge de l'Église Universelle : *Miraculorum fulgoribus ilustrat Ecclesiam universalem* ; et un historien contemporain, témoin des merveilles qui s'accomplissaient à son tombeau, s'écrie, pénétré par le ravissement : *« Vouloir compter ses miracles, c'est impossible ; il vaut mieux dire que le miracle s'est comme incarné en lui et que, pour lui, le miracle serait de cesser de faire des miracles. »*

La profondeur de l'abîme de son humilité explique la grandeur de cette gloire. Le plus grand de ses miracles n'a-t-il pas été le triomphe sur lui-même et sa passion pour la souffrance et l'humiliation ? Être oublié, méprisé, foulé aux pieds, voilà ses délices ; il s'enfonce pour cela dans la solitude et malgré les larmes d'un père et d'une mère qui l'adoraient, il va chercher la dernière place au milieu des fils de saint François, ces héroïques mendiants de Jésus. Ayant ainsi partagé toutes les humiliations de Jésus, faut-il s'étonner qu'il partage tous ses triomphes ?

Voici **deux célèbres miracles.**

Le premier est **le miracle de la mule**, affamée par deux jours d'abstinence, qui ploya le genou devant le Saint-Sacrement que lui présentait Antoine, pendant que son propriétaire lui offrait de l'avoine.

Un hérétique a l'audace de nier la présence de Jésus dans l'Eucharistie. Saint Antoine lui parle, autoritaire : *« Tu conduiras ta mule devant tous les habitants réunis. Tu la feras jeûner trois jours puis tu lui présenteras l'avoine. Moi de mon côté, je lui présenterai l'Hostie consacrée. Nous verrons alors qui elle adorera »*

Après trois jours, l'hérétique présente sa mule, affamée. Elle ne touche pas à la nourriture que lui présente son maître mais tombe à genoux devant l'Hostie et l'adore. L'immense multitude adore avec elle cette Hostie et l'hérétique se convertit. (Résumé du récit tiré de la *Vita Benignitas* 16, 6-17.)

L'autre miracle, représenté sur un vitrail de la basilique inférieure d'Assise est **le sermon aux poissons**, qui prouverait que les animaux dépourvus de raison écoutaient mieux que les hérétiques la parole de Dieu. Après les intelligences et les cœurs, voici la création tout entière : elle vient se soumettre à son sceptre. Comme Adam avant sa chute, il lui commande en roi.

Ainsi à Rimini, il trouve un peuple égaré. Il va vers le rivage et, s'adressant aux poissons qui remplissent la mer : *« Venez ! Venez tous ! Vous êtes plus dignes*, ajoute-t-il, *que ce peuple d'entendre les paroles de votre Créateur ! »* Et les poissons s'assemblent autour de lui, boivent ses paroles, enchantés. (Cf. chap. 40 des *Actus*.)

Nous pouvons en ajouter beaucoup d'autres sur lesquels nous allons nous étendre. Plus que jamais aujourd'hui où l'apostasie triomphe, il est nécessaire de prendre connaissance de tels miracles pour rassurer les brebis égarées et maintenir le troupeau dans la confiance et la certitude de la toute puissance de Dieu.

Les aliments empoisonnés

« Un jour, pendant son séjour en Italie, frère Antoine se trouva invité à la table de quelques hérétiques. Il accepta, dans l'espoir de pouvoir les convertir, à l'exemple du Christ qui, dans la même intention, s'asseyait à table avec les publicains et les pécheurs.

Une conscience dévoyée trame toujours des complots. Ces hérétiques, qu'il confondait fréquemment par des sermons et des débats publics, imaginèrent un piège ignoble : ils servirent devant le saint homme une nourriture imprégnée d'un poison mortel. Mais l'Esprit Saint fit tout de suite connaître cette imposture au religieux.

Celui-ci leur fit alors reproche de cette tromperie avec des paroles d'amitié et de paix. Mais les méchants, de mauvaise foi et poussés par le diable, père du mensonge, répliquèrent qu'ils avaient monté cette machination dans le seul but de vérifier le bien-fondé de cette phrase de l'Évangile : "Même s'ils avalent un breuvage mortel, il ne leur fera aucun mal." Ils voulaient le convaincre de manger cette nourriture en lui affirmant que, si elle ne lui faisait aucun mal, ils adhéreraient définitivement à la foi de l'Évangile ; au cas où il refuserait d'absorber ce qui lui était servi, ils considéreraient comme fausse cette parole de l'Évangile.

Frère Antoine, impassible, traça sur les aliments un signe de croix et, les prenant dans sa main, il dit : "Je ne fais pas cela avec la prétention de tenter Dieu, mais poussé par un zèle intrépide pour votre salut et pour la foi dans l'Évangile." Après avoir mangé, il continua de se sentir en bonne forme, sans éprouver le moindre malaise physique. En voyant cela, ces hérétiques se convertirent à la vraie foi. »

(Récit tiré de la *Vita Rigaldina* 7, 22-27.)

Le don de bilocation

« Lorsque le bienheureux Antoine était gardien des frères à Limoges, il se trouvait une nuit du Jeudi saint dans l'église Saint-Pierre-du-Carrefour, occupé à prêcher à la population au cours de l'office des matines. À cette même heure, au milieu de la nuit, les frères Mineurs, dans la chapelle de leur couvent, chantaient les louanges du Seigneur. Et le supérieur, frère Antoine, avait été désigné pour chanter une des lectures pendant la prière liturgique des matines. Il était absent.

Quand les frères célébrant l'office furent arrivés au passage que saint Antoine devait entonner, celui-ci apparut soudain au milieu du chœur. Il chanta solennellement sa lecture. Tous les religieux présents demeurèrent saisis de stupeur, car ils savaient qu'à ce moment il se trouvait en ville en train de prêcher. La puissance de Dieu lui permit d'être en même temps avec ses frères au chœur, en train de chanter une des lectures, et dans l'église Saint-Pierre avec les fidèles devant lesquels il prononçait un sermon. À la fin de son chant, il disparut. Cependant, tout en restant présent dans l'église Saint-Pierre, il avait gardé le silence devant son auditoire pendant toute la durée de son chant au chœur, dans la chapelle de son couvent. »

(Extrait de la *Vita Rigaldina* 6, 24-30.)

Pour saint Antoine, les distances n'existent pas. **Il est doté du don de bilocation.** Ainsi mesure-t-il la terre du regard. Pendant qu'il prêche à Padoue, il voit son père à Lisbonne enchaîné devant les juges qui vont le condamner à mort quoique innocent. Il s'y transporte avec la rapidité de l'éclair. Un meurtre ayant été commis près de sa demeure paternelle, on y avait jeté le cadavre. Antoine ressuscite le mort, et celui-ci désigne, de lui-même et devant les juges, le véritable assassin. Le père d'Antoine est reconnu innocent, délivré. (Résumé du récit tiré de *Barthélémy de Pise* 4, 19-31.)

Intervention du saint pour aider un novice

« Pendant que frère Antoine était supérieur à Limoges, il s'y trouvait un novice appelé Pierre, qui était gravement tenté d'abandonner l'Ordre. Antoine, éclairé par une révélation divine et habitué à prendre soin des brebis qui lui étaient confiées, eut à cœur d'aider le jeune homme à surmonter cette crise. Sous le coup d'une inspiration divine, il souffla dans la bouche du novice après l'avoir ouverte avec ses mains, et lui dit : "Reçois le Saint-Esprit !" Chose étonnante, à peine le jeune garçon eut-il reçu en lui le souffle divin qu'il tomba subitement à terre, exhalant son dernier soupir. Alors frère Antoine, en présence des frères qui étaient accourus, le releva de sa main. Et le novice, reprenant sa respiration, raconta qu'il avait été enlevé jusqu'aux chœurs des anges, et qu'il avait contemplé avec émerveillement les mystères de Dieu.

Mais saint Antoine, voulant qu'un tel miracle soit attribué à la puissance divine, et non à ses propres mérites, ordonna au novice d'avoir soin de ne pas parler des autres choses qui lui avaient été révélées. De ce moment, toute tentation s'éloigna du frère et même, comme il le confiait lui-même, jusqu'à la fin de sa vie de Franciscain, jamais aucune tentation ne vint plus l'assaillir. Fortifié par la protection du Très-Haut, il progressa dans la sainteté, devenant un exemple pour les autres. »

(Extrait de la *Vita Rigaldina* 6, 47-50.)

Le don d'intervenir sur les éléments

« Saint Antoine était arrivé à Brive, dans le diocèse de Limoges. Il commença par y fonder un couvent de frères Mineurs. Puis, dans une grotte éloignée des habitations, il s'installa une cellule où il vivait en solitaire d'une manière très austère, plongé dans la contemplation. Il creusa dans le rocher une vasque qui recueillait l'eau suintant de la paroi.

Le jour arriva ou le frère cuisinier n'eut plus rien pour préparer le repas des frères. Saint Antoine en parla à une darne dévouée à sa cause, en lui demandant de bien vouloir lui envoyer des légumes de son jardin pour la nourriture de ses religieux. Il pleuvait à torrents. La dame appela sa servante et la pria gentiment d'aller au jardin en toute hâte et de porter aux frères les légumes nécessaires à leur cuisine.

Cet ordre ne plut pas à la domestique, en raison de la pluie diluvienne qui redoublait. Enfin, cédant a l'insistance de sa maîtresse, elle se rendit au jardin, cueillit tout ce qu'il fallait aux religieux pour leur repas et alla le porter au couvent, qui était très éloigné du village.

Bien que le déluge n'ait pas cessé une seule minute, ni elle-même ni ses vêtements ne se trouvèrent mouillés. En retournant à la maison, elle raconta comment elle n'avait pas reçu une goutte d'eau. Pierre de Brive, fils de la dame en question et chanoine de SaintLéonard-de-Noblat a souvent raconté avec ferveur et enthousiasme, à la louange de saint Antoine, ce miracle dont sa mère lui avait fait le récit. »

(Extrait de la *Vita Rigaldina* 7, 10-17.)

« Plus tard, à Brive, non loin des fameuses grottes qui l'ont rendu célèbre, prêchant à une immense multitude, il dit à l'orage qui menace :

"Je t'interdis de laisser tomber ici une seule goutte d'eau de tes cataractes."

Et l'orage se déverse tout entier aux alentours. »

(Exfrait de la *Vita Rigaldina* 9, 42-50.)

Le Père Abbé de Verceil fait la louange de saint Antoine

Saint Antoine, avec la permission de saint François. fut le premier étudiant en théologie de l'Ordre franciscain, avec le frère anglais Adam de Marsh : décision officialisée ensuite au Chapitre général. Ils furent envoyés à l'Abbé de Saint-André de Verceil[1], qui était en ce temps-là considéré comme le meilleur des théologiens. Il avait récemment traduit du grec en latin les œuvres du bienheureux Denis, en les assortissant d'un magnifique commentaire.

Le centre d'études théologiques de Milan venait justement d'être transféré de Milan à Verceil. L'Abbé leur fit bon accueil et, découvrant en eux une exceptionnelle élévation d'âme, il déclara que, tout professeur et docteur qu'il fût, il avait été instruit et édifié par des hommes moins savants que lui, et qu'il avait vu imprimées en eux les hiérarchies célestes. Durant les cinq années qu'ils passèrent à étudier sous sa direction les œuvres de Denis, ils parvinrent à un tel degré de sagesse et de sérénité qu'ils avaient l'impression, non pas de connaître les hiérarchies célestes par les livres, mais de les avoir fréquentées personnellement.

C'est pourquoi cet éminent Abbé, rendant témoignage au frère Antoine, dira : *« Souvent l'amour pénètre là où la connaissance abstraite reste superficielle. Nous lisons, en revanche, que quelques saints évêques, moins instruits dans les sciences profanes, ont compris à fond la théologie mystique et pouvaient ainsi pénétrer les mystères célestes, au-delà du plan des connaissances humaines, jusqu'à contempler la Très Sainte Trinité. Il en a été ainsi pour le saint frère Antoine, de l'Ordre des Frères Mineurs, grâce à l'amitié intime qui nous unit. Il possé-*

---

[1] Thomas de Saint-Victor venait de Paris, il était chanoine régulier de Saint-Augustin ; il s'installa à Verceil en 1220 et fut Abbé de Saint-André. Il est mort en 1246.

dait une culture moins poussée en sciences humaines, mais par la pureté de son âme et l'ardeur de sa pensée, il fut attiré avec ferveur par la théologie mystique, l'assimila et s'en nourrit en profondeur. Si bien que je peux dire à son propos ce que dit l'Écriture au sujet de Jean-Baptiste : il était une lampe qui brûle et resplendit. (Jean V, 35.) *Comme il brûlait intérieurement d'amour, il resplendissait aux yeux de tous. »* (Commentaire de l'Abbé de Verceil, chap. 3, paragraphe « u ».)

La fugue d'un novice

« Alors que saint Antoine enseignait la théologie à Montpellier, il advint qu'un novice s'échappa de la communauté, emportant un livre de prières d'une grande valeur qui servait au professeur pour ses cours. Il faisait nuit.

Frère Antoine en apprenant cela, en fut très affligé, et se mit en prières. Dieu permit que le diable, armé d'une hache, rencontre le fugitif qui se préparait à traverser un pont. Il lui dit : "Retourne à ta communauté et va rendre ce livre au frère Antoine. Sinon, par ordre du Seigneur, je vais te tuer et te jeter dans le fleuve."

Le novice fut terrorisé mais, bien que tremblant de tout son corps, il ne voulait pas se rendre. Alors le diable se mit à grossir à ses yeux, devenant de plus en plus horrible et effrayant. Et il s'avança vers lui pour le massacrer. Vaincu par la peur, le novice retourna vers son maître. Il lui restitua son livre, reconnut sa faute et demanda en pleurant à reprendre sa place dans la communauté. »

(Arnaud de Serranne op. cit.)

Un bébé préservé de l'eau bouillante

« Frère Antoine arriva un jour dans un village où il devait prêcher. Il y avait là une femme qui tenait son bébé dans ses bras, à côté d'un chaudron d'eau bouillante, près du feu, avec l'intention de lui donner un bain. Venant à apprendre que le prédicateur allait parler, elle fut si impatiente de l'écouter qu'elle en perdit presque la tête. Alors, croyant déposer l'enfant dans son berceau, elle le plongea dans la chaudière. Et, sans plus penser à lui, elle sortit en hâte et courut au sermon, le laissant dans l'eau bouillante.

Quand le sermon fut terminé, elle retourna vers sa demeure. Les voisins lui demandèrent où était son fils. Alors seulement elle se souvint de l'avoir laissé près du feu. Et craignant qu'il ne se soit brûlé, elle se mit à s'arracher les cheveux, à se griffer le visage et à crier au malheur. En toute hâte, suivie d'une cohorte de gens, elle fit irruption dans sa maison. Elle y trouva l'enfant installé dans le chaudron, jouant dans l'eau bouillante. Alors tous les assistants, constatant que le bébé n'avait aucune trace de brûlure, furent émerveillés et se mirent à clamer à haute voix la louange de Dieu et de son serviteur Antoine. »

(Arnaud de Serranne, op. cit.)

Le miracle de l'enfant ressuscité

« Un autre jour, saint Antoine entra dans un château pour y donner une prédication. Une dame fervente alla écouter le sermon, laissant son jeune enfant dans son berceau. Après le prêche, rentrant chez elle, elle trouva le bébé qui gisait dans le berceau, couché sur le dos. Il était mort.

Douloureusement frappée, elle retourna voir frère Antoine, et, tout en pleurs, lui demanda de faire revenir son fils à la vie. Antoine, prenant part à sa douleur, l'exhorta à la foi et lui répéta deux ou trois fois : "Va maintenant, le Seigneur va t'exaucer." Elle eut immédiatement confiance en sa parole, retourna chez elle et trouva le petit garçon qu'elle avait laissé mort, occupé à jouer avec des petits cailloux que sa mère n'avait jamais vus auparavant. »

(Arnaud de Serranne op. cit.)

Saint Antoine prédit à une dame que son fils sera martyr

« Un jour, au Puy, frère Antoine rendit visite à une dame qui attendait un bébé. Elle se recommanda à lui ainsi que son enfant. Antoine se mit en prières et, se tournant vers la pieuse femme, il lui parla en ces termes : "Réjouis-toi et espère dans le Seigneur, car il te donnera un fils qui sera grand dans l'Église. Il deviendra franciscain et martyr, et par sa prédication il en entraînera beaucoup d'autres vers le même glorieux destin."

La dame donna le jour à un garçon qui fut prénommé Philippe. Il entra dans l'Ordre des Frères Mineurs et, ayant vécu de plus en plus saintement partit pour l'Orient. Lorsque la forteresse d'Azot tomba par trahison des Sarrasins, tous les chrétiens, au nombre de deux mille, furent remis aux mains des barbares et condamnés en masse à la peine capitale. Parmi eux se trouvait le frère Philippe, qui obtint d'être décapité le dernier, afin d'encourager tous les autres et les inciter à mourir pour Dieu. Ils furent tous réconfortés par ses paroles et, quand on leur demanda s'ils voulaient échapper à la mort en reniant leur foi, ou bien y rester fidèles et perdre la vie, ils répondirent à l'unanimité qu'ils choisiraient ce que leur conseillerait frère Philippe. Alors celui-ci, les rassemblant devant lui, leur parla de façon énergique et persuasive en terminant par ces mots : "Très chers frères, demeurez fermes dans la foi ; cette nuit le Seigneur m'a révélé que j'entrerais au ciel avec mille autres âmes par la voie du martyre." Les ayant ainsi encouragés, il les entendit en confession; ils répondirent ensuite qu'ils voulaient mourir pour rester fidèles au Christ.

Et tout le temps que dura leur supplice, frère Philippe ne cessa de les exhorter en leur parlant du ciel. Le sultan, exaspéré par son attitude, ordonna qu'on lui coupe les articulations des doigts. Et comme il ne cessait pas de stimuler les condamnés dans leur attitude, il le fit écorcher jusqu'au nombril. Mais cela ne l'empêcha pas de continuer à soutenir les chrétiens dans leurs convictions : il lui fit alors arracher la langue. Même ainsi mutilé, Philippe demeurait enflammé d'une invincible ardeur et encourageait encore les suppliciés par gestes, continuant jusqu'à ce qu'ils aient tous été passés au fil de l'épée.

Il fut décapité le dernier ; on rabattit sa capuche et il mourut en manifestant la plus profonde piété, conquérant ainsi glorieusement la palme du martyre. Les corps de ces saints restèrent quatre jours sans sépulture. Le sultan se rendit sur place pour les voir, et fut stupéfait de constater qu'ils ne présentaient aucun signe de corruption ni ne dégageaient la moindre mauvaise odeur. Ainsi se réalisa clairement la prophétie de saint Antoine. »

(Arnaud de Serranne op. cit.)

Saint Antoine guérit un enfant perclus

« Saint Antoine se trouvait en Italie, continuellement occupé à prêcher et à confesser. Un jour qu'il revenait d'une prédication par un chemin écarté, afin d'éviter les acclamations de la foule, voici qu'une dame était partie à sa recherche, empruntant elle aussi les raccourcis et les chemins déserts. Elle portait son petit garçon, estropié de naissance des bras et des jambes. Ayant rencontré saint Antoine, elle se jeta à ses pieds en gémissant et pleurant, le suppliant de bien vouloir bénir l'enfant en traçant sur lui le signe de la croix, par compassion pour une mère affligée.

Elle espérait fermement que cette bénédiction guérirait son fils sur-le-champ. Le saint homme, envahi d'un profond sentiment d'humilité refusa puis finit par céder. Il bénit le malade en invoquant le nom du Christ et en traçant sur lui un signe de croix. Miracle ! Immédiatement l'enfant se redressa, guéri. Saint Antoine, attribuant ce prodige non à ses propres mérites mais à la foi de cette dame, la pria de ne raconter ce fait à personne tant qu'il serait en vie. »

(Arnaud de Serranne op. cit.)

Guérison d'une enfant paralysée et épileptique

« Une petite fille nommée Padouane, âgée de quatre ans, privée de l'usage de ses jambes, se traînait en glissant comme un serpent. Affligée en outre d'un mal incurable, elle se roulait fréquemment par terre, l'écume à la bouche, en se débattant de manière pitoyable.

Un jour, alors qu'il la portait dans ses bras, son père. un nommé Pierre, fit la rencontre inespérée de saint Antoine qui revenait d'une prédication. Rempli de ferveur et de foi, il le pria de tracer sur la petite fille le signe de la croix. Le saint homme, touché de cette sincère confiance en Dieu, enveloppa la petite fille de la tête aux pieds d'un grand signe de croix au nom de la Trinité. Aussitôt ce geste accompli, la puissance divine se manifesta immédiatement en permettant à la malade de marcher droit, sans avoir besoin d'aucun appui. Elle fut en même temps guérie de son épilepsie. »

(Arnaud de Serranne op. cit.)

Les fruits de la prédication de saint Antoine

« Il arrivait fréquemment que frère Antoine, acharné à sauver les âmes, recoure à des moyens qui lui étaient particuliers pour arracher les pêcheurs à leur état coupable. Alors, par miracle, il apparaissait de nuit à bon nombre de personnes qui dormaient et, les appelant par leur nom, comme eux-mêmes le racontèrent ensuite aux frères, il les interpellait ainsi : "Lève-toi et va trouver tel prêtre, et confesse-lui tel et tel pêché que tu as commis à tel moment et à tel endroit." Il s'agissait de fautes dont nul autre que Dieu n'avait connaissance. Ainsi, grâce au sacrement de pénitence, furent expiés de nombreux péchés dont les responsables, par honte, n'avaient pas osé s'accuser. »

(Extrait de *Benignitas* 17, 34-35.)

Le miracle des tourterelles

« Frère Antoine désirait vivement savoir ce que Marie avait offert le jour de la Présentation de Jésus au Temple : un couple de tourterelles ou bien une paire de colombes ? Et tandis qu'il chantait dans l'église, avec une grande ferveur, l'antienne liturgique qui dit : "Ils offrirent au Seigneur, pour le rachat de l'enfant, un couple de tourterelles ou deux jeunes colombes" (Luc II, 24), *tout à coup, deux tourterelles vinrent se poser sur le pupitre voisin de celui où le religieux chantait.*

Il comprit que la Vierge avait offert en sacrifice, au jour de la Présentation, un couple de tourterelles. Et il sentit son cœur palpiter de joie. Dieu avait exaucé son innocent désir. »

(Du manuscrit 517 de la Bibliothèque Saint-Antoine de Padoue, fol. 2 recto. Cf. *Il Santo. Revue antonienne d'histoire, de doctrine et d'art*, IX, 1969, p. 378.)

Le nouveau-né qui parle

« À Ferrare, une femme fut délivrée d'un atroce soupçon qui pesait sur elle. Saint Antoine fit éclater son innocence aux yeux de son mari, l'un des principaux notables de la ville. Et, miracle encore plus grand, il fit parler un nouveau-né âgé seulement de quelques jours.

Cet homme était animé d'une terrible jalousie à l'égard de son épouse, au point de ne pas vouloir toucher le bébé qu'elle venait de mettre au monde, croyant qu'il était le fruit d'un adultère. Saint Antoine prit alors l'enfant dans ses bras et lui dit : "Je te conjure, au nom de Jésus-Christ vrai Dieu et vrai homme, né de la Vierge Marie, de me dire à voix haute et claire, afin que tous puissent entendre, qui est ton père."

Et le bébé, sans bafouiller comme font les tout-petits, mais d'une voix presque aussi forte que celle d'un garçon de dix ans, dit en fixant les yeux sur son père, puisqu'il ne pouvait pas remuer les mains entravées par les langes : "Voici celui qui est mon père." Se tournant vers l'homme, saint Antoine lui dit : "Prends ton fils. et aime ta femme, qui est au-dessus de tout soupçon et mérite toute ta reconnaissance." »

(Extrait de *Polentone*, n. 37 ; l.c. pp. 241, 242.)

L'opposition à un tyran cruel

« En ce temps-là un personnage puissant, mais tyrannique et cruel, nommé Ezzelino da Romano, opprimait Padoue et ses

environs. Dès qu'il eut la mainmise sur le pays, il massacra des hommes en masse à Vérone. Ayant appris cela, frère Antoine, avec intrépidité, osa aller le trouver en personne.

Introduit près de lui, il l'attaqua tout de suite en disant : "Ô ennemi de Dieu, tyran impitoyable, chien enragé, jusqu'à quand continueras-tu à verser le sang chrétien innocent ? Gare à toi, le châtiment de Dieu, inexorable et terrible, est suspendu au-dessus de ta tête." Et il lui jeta à la face bien d'autres véhéments reproches. Les gardes du corps attendaient que leur maître leur donne, selon son habitude en pareil cas, l'ordre de faire périr l'insolent immédiatement.

Mais le Seigneur en avait décidé autrement. Il permit que le tyran, traumatisé par les invectives du serviteur de Dieu, abandonnât toute férocité et devînt doux comme un agneau. Il se passa la corde au cou et, à la stupeur de tous les assistants, se prosterna devant le saint homme, confessant humblement ses fautes et promettant de réparer, suivant les indications de son confesseur, le mal qu'il avait fait.

Puis il expliqua à ses hommes de main ébahis : "Chers compagnons, ne soyez pas étonnés par mon comportement. Je vous le dis en toute vérité, j'ai vu resplendir sur le visage de ce religieux un éclair divin qui a jailli de lui et m'a frappé au point que, devant une vision si épouvantable, j'ai eu la sensation d'être précipité tout à coup en enfer."

De ce jour Ezzelino eut envers saint Antoine une vénération sans bornes et, jusqu'à la fin de sa vie, il renonça à bien des atrocités qu'il avait projetées, ainsi qu'il l'avoua lui-même. »

« Saint Antoine continuait à prêcher inlassablement et sans crainte contre la cruauté de ce tyran. Celui-ci, voulant par ruse mettre à l'épreuve la droiture et le pur désintéressement du serviteur de Dieu, lui fit porter un magnifique présent par quelques-uns de ses soldats, en leur donnant cette consigne : "Présentez de ma part ce cadeau au frère Antoine, avec les plus grandes marques d'humilité et de piété. S'il accepte, tuez-le aussitôt. Si au contraire il le refuse avec indignation, supportez ses injures sans rien dire et retirez-vous, sans lui faire aucun mal."

Ces fourbes acolytes se présentèrent avec le plus grand respect devant le saint homme en lui disant : "Ton fils Ezzelin de Romano se recommande à tes prières, en te suppliant de recevoir ce modeste don, gage de son attachement, et de prier pour le salut de son âme." Mais saint Antoine s'emporta, les injuria et repoussa le cadeau en disant qu'il ne voulait pas recevoir un objet qui était le fruit de rapines, et que ces cadeaux n'avaient qu'à aller au diable. Il leur enjoignit de s'en aller immédiatement, afin que la demeure ne reste pas souillée par leur présence.

Les messagers, déconcertés, retournèrent auprès du tyran. Ils lui firent leur rapport sur l'accueil qu'ils avaient reçu. Ezzelino déclara alors : "C'est un homme de Dieu. Épargnez-le. Dorénavant, qu'il prêche à son gré." »

(Extrait de *Benignitas* 17, 42 et 47 puis Arnaud de Serranne op. cit.)

Maître de la mort, saint Antoine l'est aussi de Satan. Il le chasse du corps des possédés, et surtout de leur âme. Ainsi, au Puy-en-Velay, Satan s'était emparé du cœur d'un riche bourgeois, notaire dans cette ville. Saint Antoine prie et obtient la révélation de sa conversion et de sa sainteté future : aussi, chaque fois qu'il le rencontre, il le salue très profondément. Celui-ci se plaint, se croyant offensé. *« Non, non, répond Antoine. Je salue en vous un futur martyr. »* Bientôt après, cet homme se convertit et devient apôtre et martyr.

À Ferrare, un usurier vient à mourir. On lui fait des funérailles grandioses. « *Où courez-vous, fait Antoine aux assistants. Ne voyez-vous pas que vous vous trompez ? Pourquoi rendre hommage à un homme que Dieu a condamné ? C'est un criminel. Voulez-vous la preuve de sa malédiction ? Allez donc à son coffre-fort, et vous y trouverez son cœur au milieu de ses pièces d'or ! »* On court au coffre et on y trouve le cœur encore chaud du malheureux avare. (Cf. *S. Antonii de Sicco Ricci Polentone*, n°35.)

À Padoue, un jeune homme s'accuse d'avoir frappé du pied sa pauvre mère. « *Malheureux, s'écrie Antoine. Qu'avez-vous fait ? Ce pied sacrilège mérite d'être coupé. »* C'est à la lettre que le jeune homme prend cette interjection. Il rentre chez lui, prend sa hache, coupe son pied, tombe évanoui. La mère se désole : *« À qui recourir ? »* Elle vole vers Antoine, celui-ci lève les yeux au ciel, prend le pied sanglant, le réunit au corps. Le jeune homme est parfaitement guéri. La cicatrice reste en témoignage du miracle.

Un autre jeune homme se présente à saint Antoine avec une immense contrition sur ses péchés, sur ses fautes passées. Il n'a même pas la force de les énumérer. « *Il vous faut les écrire sur cette page* », expose le saint. Ce que fait le jeune homme. Il obéit, Antoine prend la page, la met sous les yeux du jeune homme, et pendant qu'il lui donne l'absolution, la page devient plus blanche que la neige.

VII

Padoue

Pourquoi le choix de Padoue ?

Il n'y a pas de hasard. Dieu, avec une sagesse et un amour infinis, dirige et définit toute chose. Il s'occupe du nid du petit oiseau et permet aux continents de s'entrechoquer. Ne pouvait-il donc pas se pencher sur le choix d'une ville qui abriterait le tombeau de son cher et très aimé saint Antoine ? Dieu a donc fait le choix de Padoue. Une des plus illustres villes d'Italie, une des plus importantes de l'antique Gaule cisalpine, de tout temps fameuse par son Université et ses fastes religieux, militaires, littéraires. On compte parmi les personnalités qui y ont vécu et ont ainsi rehaussé les gloires de cette cité : Albert le Grand, Dante, Giotto, Pétrarque, saint François de Sales, saint Gaétan.

Pourquoi ce choix de l'Italie plutôt que celui de toute autre nation ? Tout comme près du Capitole est la roche carpéienne, près du Calvaire se trouve le tombeau de la résurrection : **celui qui, en Italie, s'était grandement humilié, devait être toujours en Italie, grandement glorifié.** S'étant creusé en Italie le tombeau de l'humiliation, il devait avoir, en Italie, le tombeau de la gloire.

Par ailleurs, ces deux saints, Antoine et François, inséparables dans leur vie, pouvaient-ils être séparés dans la mort ? Le ciel pouvait-il placer sous des lieux différents leurs tombeaux glorieux ? La fleur séraphique pouvait-elle répandre ses plus doux parfums ailleurs que sur le sol où l'arbre séraphique avait été planté ?

Padoue lui donna son nom et lui, en lui laissant son glorieux tombeau, lui a donné sa plus grande et son immortelle gloire.

À tous ces titres, saint Antoine y avait droit de cité, et nulle autre ville d'Italie, mieux que Padoue, ne méritait la gloire de lui donner son nom, gloire que lui envie l'univers ; aucune n'était mieux préparée pour son apostolat, aucune n'était capable de lui témoigner tant d'amour.

Le brave chroniqueur Rolandino, qui était notaire et qui à ce titre devait avoir pour les dates un très grand respect, fixe la venue du Saint à Padoue vers la fin de l'année 1229. Il marque, et son témoignage donné incidemment dans un récit d'événements politiques a une valeur considérable, l'émerveillement et la joie de ses compatriotes à l'arrivée parmi eux de ce saint religieux, que la Providence leur envoyait *« du fond de l'Espagne et des pays de l'Occident »*, c'est-à-dire des terres de la Galice, de Séville et de Lisbonne. Il exalte sa vertu, son éloquence, ses bonnes œuvres, sa science théologique et le nomme *« arca Veteris Testamenti et forma Novi »*. Souvenons-nous que le pape Grégoire IX avait aussi appelé saint Antoine *« arca Testamenti »*, arche du Testament.

Au temps du Chapitre général qui se tint à l'occasion de la translation des reliques de saint François, c'est-à-dire vers le 25 mai 1230, Antoine fut relevé de toute charge dans l'Ordre – où il avait rempli, nous ne savons ni où ni quand, les fonctions de Ministre provincial – et autorisé a prêcher où il lui plairait. Il revint dans la ville de Padoue, qu'il avait momentanément quittée. Il fit partie de la délégation de Frères Mineurs envoyée à Rome, auprès du pape Grégoire IX, pour obtenir de lui une interprétation authentique de la Règle et essayer de mettre fin aux convulsions qui agitaient l'Ordre et menaçaient gravement son unité. Ce voyage se place certainement avant le 28 septembre 1230, date de la célèbre bulle *Quo elongati,* qui donnait gain de cause aux partisans d'une évolution nécessaire.

Pendant l'hiver de 1230 à 1231, il composa, sur la demande du cardinal d'Ostie, protecteur de l'Ordre, le futur pape Alexandre IV, ses *Sermones in Festivitatibus Sanctorum*, encore appelés *Sermones in Solemnitatibus* ou *Sermones de Sanctis.* Mais il interrompit ce travail au carême de 1231 pour prêcher, pendant quarante jours consécutifs, la plus célèbre de ses stations, malgré le mauvais état de sa santé, la fatigue des continuelles confessions, et les jeûnes austères qu'il s'imposait.

Sans craindre d'être accusé d'exagération, on peut affirmer que l'effet fut foudroyant. Les églises étaient trop petites ; il fallait dresser la chaire en plein air ; on accourait des villages voisins ; on venait retenir sa place aux lanternes ; hommes et femmes, jeunes et vieux, gens de tous âges et de toutes conditions, *« soldats et nobles matrones »*, rivalisaient de zèle ; les marchands fermaient boutique ; pas un bruit, pas un murmure ; et, le sermon terminé, les femmes, ciseaux en mains, se précipitaient pour transformer la bure du Saint en reliques : on faisait donner la garde !

Plus savante que la prédication de saint François, d'une forme plus scolastique, chargée d'explications allégoriques qui déconcertent souvent ceux qui ne sont guère familiarisés avec les œuvres du Moyen Âge, parfois encombrée d'étymologies bizarres, la prédication de saint Antoine était beaucoup plus combative. Alors que le Poverello se refusait à attaquer directement les vices, en particulier ceux du clergé, et ne comptait que sur la force de l'exemple pour ramener les méchants dans la voie droite, pour convertir les prêtres cupides ou même indignes, Antoine au contraire ne craignait pas de porter vigoureusement le fer et le feu dans les plaies morales de ses contemporains.

Quelques diatribes virulentes, dirigées contre les clercs qui négligeaient leur troupeau pour courir après les honneurs et les biens de ce monde, ou encore contre les simoniaques, semblent annoncer, près d'un siècle à l'avance, les éclats vengeurs de la colère dantesque. Par exemple : *« J'anéantirai le quadrige d'Ephraïm et le cheval de Jérusalem, a dit Zacharie, l'arc de la guerre sera brisé. Ce char figure la richesse des clercs, faite d'immenses propriétés et de grasses prébendes, de larges revenus, des splendeurs de la table et du luxe des vêtements : Dieu le renversera, et précipitera au fond de l'enfer celui qui le monte. Il chassera le cheval, orgueil des prêtres, qui, drapés dans l'habit de la religion et le manteau de la sainteté se jugent grands... »* Ou encore : *« Les faux religieux, comme certains marchands, vendent sur la place des marchandises avariées. Sous l'habit religieux et le couvert d'une réputation usurpée, ils cherchent les louanges, en exhibant aux hommes une apparence de perfection. Ils veulent paraître saints et ne le sont point. La religion, ô douleur, devient un marché... »* (*Sermones Dominicales, passim.*)

Les trois vices que saint Antoine a plus spécialement combattus sont **la luxure, l'orgueil et la cupidité.** Il y voyait la source de tous les autres péchés, suivant la parole célèbre de l'Apôtre saint Jean : *« N'aimez pas le monde, ni les choses qui sont dans le monde. Si quelqu'un aime le monde, l'amour du Père n'est point en lui, car tout ce qui est dans le monde est concupiscence de la chair, et concupiscence des yeux, et orgueil de la vie ; et cela ne vient pas du Père, mais du monde. »* (Épître I, II, 15-6.)

La pensée du grand prédicateur franciscain se rencontre ici avec celle du génial poète de la *Divine Comédie*, pour qui la luxure, l'orgueil et la cupidité, représentés par les trois bêtes symboliques du chant 1er de *L'Enfer,* la *lonza,* le lion et la louve, constituent les principaux obstacles qui empêchent l'homme d'atteindre à la félicité terrestre et à la félicité céleste.

C'est particulièrement dans la lutte vigoureuse qu'il mena contre l'amour immodéré de l'argent, que nous pouvons saisir toute l'importance du rôle social joué par saint Antoine de Padoue. Dans le premier de ses *Sermons Dominicaux*, écrit Jean Rigauld, il citait cette parole de *L'Ecclésiastique* : *« Il n'y a rien de plus injuste que l'amour de l'argent »*, et il disait encore que *« les richesses sont justement comparées par le Seigneur aux épines, parce que, comme les épines, elles arrêtent, elles piquent, elles font jaillir le sang de celui qui les détient ».*

Padoue était, à cette époque, un repaire, fort bien achalandé, d'usuriers. Et cent ans environ plus tard la ville n'était pas encore guérie de cette plaie : *« Avec ces Florentins, je suis padotian »*, dira un damné à Dante au cercle de l'usure, en lui annonçant qu'il attend l'arrivée d'un voisin. (*Enfer*, XVII, 64-75. Cf. D. Mantovani, *Il canto XVII dell'Inferno*, et les livres cités en note par cet auteur, Florence, Sansoni, 1900.)

Les commentateurs de la *Comédie* nous ont laissé, à propos de cet épisode, un tableau sinistre des exactions de ces prêteurs et de la misérable condition où ils réduisaient leurs débiteurs insolvables ; il s'adapte sans aucun changement au temps de saint Antoine. La conversion des usuriers était plus difficile que celle des autres pécheurs, car l'Église exigeait la restitution du bien mal acquis ; et rendre son or est une opération particulièrement douloureuse pour un homme qui a consacré sa vie à l'entasser.

Les succès extraordinaires du Saint, dans ce domaine trop souvent marqué par l'échec, sont attestés par un texte contemporain de Trente, d'une brièveté impressionnante : *« Paduanos praedicavit et multos, usurarios ad restituendum induxit. »*

Sa station de carême obtint un autre résultat : le 15 mars 1231 fut promulguée à Padoue une loi, d'allure bien moderne, qui interdisait aux créanciers d'emprisonner leurs débiteurs lorsque ceux-ci leur faisaient l'abandon de tous leurs biens.

À sa voix, les inimitiés s'apaisaient, la concorde renaissait dans ces turbulentes cités italiennes toujours troublées par l'esprit de parti, les courtisanes abandonnaient leur triste métier, les voleurs restituaient, comme les usuriers, le produit de leurs rapines, les prisonniers pour dettes étaient libérés, les conversions se multipliaient et d'innombrables pénitents, pour qui il fonda la confrérie des *Colombini*, venaient s'agenouiller à ses pieds pour implorer le pardon de leurs péchés.

Un vieux brigand, dont parle Jean Rigauld, ancien détrousseur professionnel de grands chemins, raconta en 1292 à un Frère Mineur, qu'*« ayant entendu des échos de la réputation que s'était acquise dans ses prédications le bienheu-*

reux Antoine », il résolut, avec onze de ses compagnons, de se rendre, sous un déguisement, au sermon, *« parce qu'ils ne pouvaient pas croire que sa parole fût si puissante »* : les douze capitulèrent... au confessionnal.

VIII

Il Santo

Déprimé par le jeûne et les macérations, par les fatigues de l'apostolat, Antoine sentait que « notre sœur la mort », suivant la sublime expression de saint François d'Assise, se préparait à le visiter.

Ne voulant pas arrêter par sa prédication les travaux nécessaires des champs, il résolut de se retirer dans la solitude, à Camposanpiero, à une vingtaine de kilomètres de Padoue. Le noble Tiso, seigneur du lieu, était un ami des Frères Mineurs ; sur la demande d'Antoine, il lui construisit une cellule entre les branches d'un vigoureux noyer, et, en même temps, deux autres, plus basses, pour deux de ses compagnons. C'est là que le Saint passa dans la contemplation les derniers jours de sa vie mortelle. (Un tableau de Lazzaro Sebastiani, qui est à l'académie de Venise, représente saint Antoine dans les branches du noyer.)

Le vendredi 13 juin, d'après le récit de la *Legenda prima* qui est ici très minutieusement circonstancié, il eut une défaillance à l'heure du repas qu'il était venu, descendu de sa cellule aérienne, prendre avec ses frères. Il demanda à être conduit à son couvent Sainte-Marie de Padoue. Les Mineurs de Camposanpiero obéirent avec peine. On le transporta en voiture. Le Frère Innotus, venu à sa rencontre, le rejoignit au faubourg de Capodi Ponte, et, devant la gravité de son état, le conjura de ne pas aller plus loin et de s'arrêter à l'Arcella, où les Mineurs avaient une petite maison, près du monastère des Pauvres Dames, c'est-à-dire des Clarisses. Il accepta et, après s'être confessé, il commença à chanter l'hymne des Laudes de l'Office de la Vierge. Comme il levait les yeux au ciel et qu'il les y tenait fixés, un Frère l'interrogea. *« Je vois mon Seigneur »*, répondit-il. Après tant de combats et de triomphes, saint Antoine reçoit la palme. Sa mort est aussi un miracle. Jésus vient le caresser. Marie, entourée d'une multitude d'anges, lui porte sa couronne. Une dernière fois, Antoine chante à Marie Immaculée son cantique d'amour : O *Gloriosa Domina !* Une dernière fois, Marie lui sourit ; une dernière fois, Jésus le caresse.

L'extrême-onction reçue, il accompagne de ses lèvres de moribond, les assistants qui chantaient les Psaumes pénitentiaux, et, une demi-heure plus tard, *« cette âme très sainte, dégagée de la prison de la chair, s'absorbait dans un abîme de clarté »*. Il expire dans ses divins embrassements et entre en triomphe dans les célestes parvis. Le ciel applaudit, les anges chantent. Les apôtres dont il a eu le zèle, les martyrs dont il a eu le courage, les confesseurs dont il a eu les vertus, les vierges dont il a eu la pureté, viennent au devant de lui. C'est la Trinité qui le reçoit dans sa gloire.

Le Père l'appelle son Fils Bien-Aimé, le Fils lui donne le doux nom de Frère, l'Esprit d'amour le plonge dans un océan de délices.

Saint Antoine vécut trente-six ans seulement. Il en passa quinze chez ses parents, deux au monastère de Saint-Vincent, neuf au monastère de Sainte-Croix de Coïmbre. Enfin il en passa dix dans l'Ordre de saint François, où il fut renommé pour ses nombreux prodiges et miracles.

Les Mineurs de l'Arcella, prévoyant à raison une invasion tumultueuse de leur couvent, essayèrent en vain de cacher la mort de leur frère. Le secret fut mal gardé. En même temps, autour de son corps, transfiguré et rayonnant d'une beauté céleste, se multiplient les miracles. Les enfants, ces anges de la terre, sont les premiers à le canoniser. Dévalant par troupes, à toutes jambes, vers Padoue, ils crient à tue-tête : *« Le saint père est mort ! Saint Antoine est mort !* » L'auteur de la *Legenda prima* s'étend ici longuement sur les incidents, d'un pittoresque intense, qui, pendant quatre jours, mirent aux prises les Padouans et les habitants de Capo di Ponte : où seraient conservées les reliques, à l'Arcella, lieu de la mort, ou à Sainte-Marie, couvent d'Antoine ? Cette dernière solution prévalut enfin ; mais il ne fallut rien moins pour calmer les passions, que l'intervention du Ministre provincial, de l'évêque et du podestat.

« Une religieuse de l'Ordre des Clarisses, nommée Olive, s'approcha du corps de saint Antoine pour lui baiser la main avec une grande vénération, alors qu'il n'était pas encore enseveli. Se prosternant devant lui, adressant des prières au Seigneur, elle demanda, entre autres, que par les mérites de saint Antoine, Dieu lui inflige en cette vie toutes les peines qu'elle avait encourues pour ses péchés, afin que dans la vie future elle n'ait à subir aucune punition.

Son oraison terminée, Olive regagna le monastère. Mais subitement tout son corps fut envahi de très fortes douleurs, au point qu'elle ne pouvait plus se tenir debout. Elle fut alors prise d'une irrépressible angoisse, bouleversant ses Sœurs par ses cris déchirants. Le lendemain, alors que les autres religieuses se mettaient à table, elle essaya de les y rejoindre. Mais, la souffrance étant de plus en plus aiguë, elle ne put toucher à aucun aliment ; pendant que les moniales se restauraient, elle allait et venait fébrilement dans la pièce en se tordant de douleur.

Sur l'ordre de l'Abbesse, Sœur Olive fut transportée à l'infirmerie. Et cette Sœur qui avait tant supplié pour faire son purgatoire dans sa vie terrestre implorait sa guérison en multipliant les prières. Enfin, ayant eu l'idée de demander qu'on lui apporte un petit morceau de la tunique de saint Antoine, elle se hâta de l'appliquer sur ses membres endoloris, et subitement toutes ses douleurs disparurent. »

(*La Vita Prima* ou *Assidua* 39, 1-5, Éd. Fonti Agiografiche Antoniane, 1, Padoue 1981, pp. 488-491.)

Les miracles éclatèrent aussitôt et se poursuivirent, si nombreux, accompagnés pour la plupart de preuves si convaincantes, qu'à moins de refuser toute valeur au témoignage humain, il est impossible de nier les faits.

Ils sont *« inattaquables pour toute critique sérieuse »*, conclut le P. Hilarin Felder.

Aussitôt après sa mort saint Antoine apparut à l'Abbé de Verceil

« Le jour même où saint Antoine mourut, et aussitôt après son trépas, le célèbre Abbé de Verceil, spécialiste des Écritures saintes, se trouvait seul dans sa chambre bien close, plongé dans la méditation. Antoine, au cours de sa vie, avait éprouvé pour cet Abbé un sentiment d'affection profonde qui était partagé. Tous deux se réunissaient fréquemment pour étudier la Bible.

Lors donc que l'Abbé méditait ainsi solitaire, à l'heure même de la mort du Franciscain, celui-ci entra dans la chambre et, après un échange de salutations amicales, il lui dit : "Père, voici que j'ai laissé frère âne (dans le langage inspiré de saint François, qui se transmit aussi à ses compagnons et à ses disciples, le corps humain était appelé "frère âne") *à Padoue, et que je me hâte vers la Patrie." Et, comme l'Abbé souffrait d'un violent mal de gorge, le visiteur, touchant délicatement l'endroit malade, le guérit instantanément ; puis il sortit et disparut.*

Croyant que frère Antoine retournait dans son pays d'origine, la péninsule Ibérique, puisqu'il ignorait tout de sa mort, l'Abbé se leva en hâte pour retenir son hôte un peu plus longtemps. Ne le trouvant pas en sortant de la chambre, il demanda anxieusement aux serviteurs s'ils ne savaient pas par hasard où était passé frère Antoine. Ils répondirent qu'ils ne l'avaient pas vu et qu'ils ne savaient absolument pas où il se trouvait. Mais il leur assura fermement qu'il venait de le voir, qu'il l'avait entendu lui adresser les paroles citées plus haut, et que le frère l'avait guéri miraculeusement puis était parti très vite.

Il envoya aussitôt un messager à la communauté franciscaine de la ville pour demander si l'on savait quelque chose au sujet du frère Antoine. Mais cette démarche n'ayant rien donné, l'Abbé, revivant ce qui lui était arrivé, comprit que son ami, franchissant la porte de la mort, s'était acheminé dans la joie vers la patrie céleste. Et ayant pris note de l'heure exacte de cette apparition, il put vérifier par la suite que saint Antoine était passé de vie à trépas au moment même où il était venu le trouver. »

(Extrait de la *Benignitas* 19, 1-9.)

La résurrection de la fille du roi de Léon

« La reine de Léon, éprouvant une grande confiance en saint Antoine, garda pendant trois jours sans sépulture sa petite fille de onze ans, contre la volonté du roi et des barons, en répétant cette prière : "Ô saint Antoine, je suis ta compatriote. Rends-moi ma fille !"

Une si grande foi fut exaucée, et la petite fille ressuscita. Mais elle désapprouva sa mère en lui disant : "Dieu te pardonne, ma petite mère. J'étais entrée dans la gloire, au milieu du chœur céleste des vierges, quand saint Antoine, ému par tes prières, a supplié Dieu avec tant d'insistance qu'il m'a rendu ma vie mortelle et m'a renvoyée près de toi. Il faut pourtant que tu saches ce que le Seigneur a décidé : je ne resterai avec toi que quinze jours." »

(Compte-rendu d'Arnaud de Serranne.)

La conversion d'hérétiques

« À Padoue, saint Antoine se signala par de nombreux miracles. Alors, quelques hérétiques demeurés sceptiques devant ces manifestations surnaturelles, vinrent en ville dans le but de démontrer qu'il s'agissait d'impostures. Ils attachèrent sur les yeux de l'un d'eux un mouchoir taché de sang. Puis, se prosternant devant le tombeau du saint, ils se lamentèrent à haute voix en disant que ce malheur était une injustice du sort ; cependant, ils prièrent saint Antoine de rendre la vue à l'infirme. Cette comédie dura une heure. Puis celui qui feignait la cécité se mit tout à coup à crier : "Saint Antoine vient de me rendre la vue !"

Ses compères s'empressèrent de retirer le bandeau pour ironiser sur le prétendu miracle. Mais voici que les deux yeux restaient collés au tissu. Les railleurs se trouvaient ainsi pris à leur propre piège.

Saisis d'épouvante et sincèrement repentants, ils confessèrent devant tous leur supercherie. Après une sincère prière, tous ces hérétiques obtinrent la lumière de la foi. L'imposteur retrouva également la lumière du jour, grâce à l'intercession de saint Antoine. »

(Extrait de la *Florentina* n°32.)

Il existe un autre cas semblable d'hérétique tournant en dérision les miracles de saint Antoine.

« Un lépreux, ayant entendu parler des miracles de saint Antoine, se fit conduire à Padoue. En chemin, il rencontra un chevalier qui faisait partie des hérétiques. Celui-ci, dénigrant les prodiges accomplis par le saint, lui dit : "Où vas-tu, pauvre homme ? Que ta lèpre retombe sur moi, si jamais Antoine t'en délivrait." Le lépreux se prosterna cependant avec une grande confiance devant le tombeau du saint, en implorant pieusement son intercession. Pendant son sommeil saint Antoine lui apparut et lui dit : "Lève-toi immédiatement, tu es guéri. Va trouver le chevalier qui se moquait de mes miracles, et donne-lui tes crécelles car il est atteint de ta lèpre."

Le miraculé se leva et vit que ses plaies avaient disparu. Il alla trouver le chevalier devenu lépreux en châtiment de son incrédulité, et lui déclara : "Saint Antoine m'a ordonné de te passer mes crécelles, à toi que voilà lépreux à ton tour." Le sceptique, repentant, fit vœu à saint Antoine de ne plus l'offenser par des paroles sacrilèges. Et il fut guéri, lui aussi, de sa lèpre. »

(Extrait de la *Florentina* n°28.)

Saint Antoine et saint François sauvent une femme qui, par désespoir, voulait se pendre

« À Serpa, citadelle du royaume du Portugal, vivait une dame nommée Serra, vouant à saint François et à saint Antoine une profonde dévotion. Son mari était un homme débauché et méchant qui la délaissait pour mener avec des concubines une vie dépravée. Il avait pris son épouse en horreur et la battait fréquemment, la couvrait de bleus et d'insultes. La pauvre était tombée dans une tristesse si profonde que, par désespoir, elle résolut de se pendre pour échapper à cette vie d'enfer. Une nuit, alors que son mari était sorti et que tout le monde dormait dans la maison, elle prépara dans sa chambre une corde, passa le nœud coulant autour de son cou et commença à s'étrangler. C'était le diable qui lui avait suggéré ce geste. À ce moment, on entendit des coups frappés à la porte, et des appels véhéments.

Aussitôt, la dame cacha la corde et sortit pour voir qui donc frappait ainsi. Ouvrant la porte, elle vit deux frères Mineurs qui la prièrent humblement de leur donner l'hospitalité pour l'amour de Dieu. Elle demanda d'où ils venaient et comment ils se nommaient. Ils répondirent qu'ils venaient de très loin, et qu'ils s'appelaient l'un François et l'autre Antoine. "Entrez, leur dit-elle, pour l'amour de saint François et de saint Antoine envers qui j'ai toujours éprouvé une grande dévotion." On *apprêta un repas, et les deux visiteurs essayèrent, au cours de celui-ci, de réconforter la darne par des paroles ferventes. En les écoutant, elle se sentit tout autre. Et, par respect pour ces frères, elle résolut de ne pas se pendre cette nuit-là, comme l'ennemi de son âme l'espérait. Les frères gagnèrent la chambre qui leur avait été désignée, et la dame alla se coucher. Au même moment, les deux religieux apparaissaient en songe à son mari en disant : "Nous sommes saint François et saint Antoine. Dieu nous envoie vers toi pour te dire : si tu ne changes pas de vie en quittant tes maîtresses pour rester fidèle à ton épouse, notre amie, dans trois jours tu mourras et tu seras jeté dans le chaudron de l'enfer. Cela parce que ta femme, ne pouvant plus supporter tes mauvais traitements, cette nuit même se serait pendue si nous n'étions pas venus dans sa maison. Eh bien, retourne près d'elle, et pour te prouver que nous disons la vérité, demande-lui de te montrer la corde avec laquelle elle voulait mettre fin à ses jours."*

Terrifié, le mari coupable, réveillé en sursaut, se repentit de ses péchés. Au matin il se leva et rentra chez lui. Au moment où il se levait, sa femme se leva aussi et passa voir ses visiteurs. Or, ne trouvant plus les frères et constatant que leur lit n'était pas défait, elle éprouva une stupeur bien compréhensible, car elle ne savait pas par où ils étaient sortis, puisque toutes les issues étaient closes. C'est alors que survint son mari qui, après l'avoir saluée affectueusement, lui demanda : "Très chère, où est la corde avec laquelle tu voulais te pendre cette nuit ?" Frappée de stupeur, à nouveau, elle ne savait que dire. Le mari reprit : "Je sais bien quelle grâce t'ont faite saint François et saint Antoine en te sauvant de la mort corporelle et moi de celle de l'âme. Tu leur as donné l'hospitalité cette nuit." La dame avoua que c'était exact. Le mari raconta à son tour la vision qu'il avait eue et demanda humblement le pardon de son épouse. Tous deux vécurent de longues années dans l'amour mutuel et la bonne entente en louant avec ferveur saint François et saint Antoine. Ils me racontèrent leur histoire, moi qui consigne ce souvenir. »

(Rapporté par un écrivain inconnu se situant au Portugal – *Fioretti de saint Antoine* par Arnaud de Serranne.)

Tous ces événements arrivèrent aux oreilles du pape Grégoire IX par une importante délégation d'habitants de Padoue. Après que ces miracles eurent été dûment examinés, et à la suite d'une délibération solidement étayée, le Souverain Pontife fit une déclaration le jour de la Pentecôte, le 30 mai 1232. Avec une solennité impressionnante, il proclama la liste de ces prodiges en présence des prélats et d'une foule de fidèles. Et sous l'approbation générale, invoquant la Très Sainte Trinité et se signant, **il inscrivit Fernando de Lisbonne, au catalogue des saints sous le nom de saint Antoine de Padoue.** Cela se passait seulement onze mois après la mort de celui-ci. Le pape Grégoire IX, cardinal Hugolin, ancien protecteur de l'Ordre, avait également inscrit, le 16 juillet 1228, au même catalogue, celui dont il avait été l'ami et dont saint Antoine avait été le fervent disciple : saint François. Ils sont les deux plus grands Saints de l'Ordre des Frères Mineurs, qui en compte un nombre imposant.

Ensuite, après le chant solennel du *Te Deum – « Nous te louons, ô Dieu »* – le pape entonna à haute voix l'antienne spécialement réservée aux docteurs de l'Église : *« Ô docteur éminent, lumière de la sainte Église. »* Il la termina en chantant solennellement le verset avec l'oraison appropriée, accompagné de tout le clergé.[1]

« Le jour même de cette cérémonie, tous les habitants de Lisbonne, ville natale de saint Antoine, se sentirent envahis, sans savoir pourquoi, d'un sentiment d'intense allégresse. Pourtant ils ne savaient pas encore que leur concitoyen recevait à ce moment les honneurs de la canonisation. En outre, chose encore plus stupéfiante, les cloches de la ville, sans que personne les mette en branle, commencèrent à sonner d'elles-mêmes pour célébrer à leur manière, par leurs carillons, la gloire du grand saint. Peu de temps après, on apprit cette canonisation et l'on sut que ces prodiges s'étaient produits le jour même de la cérémonie. La cité ainsi honorée, frappée par de tels miracles, dédia alors à saint Antoine l'autel majeur de la cathédrale, au cours de festivités solennelles. Et la fête de saint Antoine, marquée par une éclosion de miracles, y est célébrée chaque année en grande pompe. »

(Extrait de la *Benignitas* 24, 15-19.)

---

[1] Pie XII, en 1946, proclamera solennellement saint Antoine *docteur évangélique.*

« Dans cette même ville de Lisbonne vivait un petit garçon nommé Parisio, proche parent de saint Antoine. Un jour, Parisio monta dans une barque avec quelques camarades, dans le but de faire une promenade en mer. Mais soudain éclata une violente tempête, et la barque, avec ses occupants, fut tout de suite entraînée par les flots et secouée par les vents. Tandis que ses compagnons, plus âgés que lui et sachant nager, réussissaient à regagner le rivage, Parisio resta seul et coula à pic comme une lourde pierre jetée dans un abîme, se noyant immédiatement. Sa mère, apprenant le malheur, se précipita sur le rivage, en gémissant et faisant entendre des sanglots déchirants. Avec des larmes et des lamentations elle supplia les pêcheurs de mettre leurs filets à la mer, et d'en retirer son enfant, afin d'avoir au moins son corps sans vie.

Ils jetèrent donc les filets, prirent l'enfant dedans comme un poisson et le rendirent à la mère éplorée. C'était une scène douloureuse. Parents et amis accoururent, et la dépouille mortelle fut ramenée au logis au milieu de cris déchirants. Pour lui faire rendre l'eau qu'il avait avalée on mit l'enfant la tête en bas. De toutes façons il ne donnait plus signe de vie, et aucun son ne sortait de sa bouche.

Le lendemain, la famille se mit d'accord pour lui donner une sépulture, sauf la mère. Comme elle avait une grande confiance dans le Seigneur et en saint Antoine, son serviteur, toute secouée de sanglots elle invoqua celui-ci en promettant formellement, si l'enfant ressuscitait, qu'elle l'offrirait à l'Ordre franciscain. Le troisième jour, en présence de tout son entourage, le petit garçon se réveilla de son sommeil de mort et retrouva la vie. Tous les témoins de ce miracle, remplis de joie et de ferveur, exprimèrent à Dieu et à saint Antoine leurs louanges reconnaissantes. La mère, se rappelant le vœu qu'elle avait fait, donna de bon cœur son fils à l'Ordre franciscain, quand il fut en âge d'y entrer.[1] *Et le novice, qui menait parmi les frères une existence exemplaire, les émerveilla en leur racontant le prodige que Dieu avait accompli pour lui par les mérites de saint Antoine. »*

(Extrait de la *Benignitas* 24, 1-13.)

---

[1] À cette époque-là, alors que la volonté des parents faisait loi pour les enfants, un vœu de cette nature était chose courante. Le choix d'un état de vie était fait par le fils lui-même quand il parvenait à l'âge de sa majorité.

Guérison d'un magicien mutilé par des démons

« Il y avait aux environs de Padoue un homme qui voulait connaître certains secrets par l'intermédiaire des démons. Une nuit, il pénétra dans un cercle magique avec un clerc qui savait évoquer les démons en pratiquant l'art de la magie. Comme ils se trouvaient dans le cercle, le clerc appelant les puissances infernales, celles-ci surgirent au milieu d'un grand concert de cris et de rugissements sortis de l'enfer. Cet homme, fou de terreur, ne savait leur répondre, alors ils lui arrachèrent complètement la langue et lui retirèrent les yeux des orbites. Quand il ouvrait la bouche, il n'y avait plus trace de langue ; et là où étaient auparavant les yeux, on ne voyait plus que deux grands trous. Le cœur déchiré d'une angoisse amère pour la faute qu'il avait commise et n'ayant pas la possibilité de confesser son péché, il se réfugia avec une entière confiance sous la protection de saint Antoine.

Après avoir passé des jours et des nuits dans l'église du Saint où les frères chantaient lors d'une messe : "Béni soit celui qui vient au nom du Seigneur", et tandis que le prêtre élevait le Corps du Christ, deux nouveaux yeux lui furent accordés. Un si éclatant miracle fit accourir une foule de gens, qui se mirent à prier avec lui afin que Dieu, qui lui avait rendu ses yeux par les mérites de saint Antoine, daigne aussi lui faire retrouver sa langue. Et tandis que le chœur chantait : "Agneau de Dieu..." au moment où il modulait ces mots : "Donne-nous la paix", le Seigneur lui redonna sa langue et l'usage de la parole, dont le miraculé se servit pour louer dans l'allégresse les mérites de saint Antoine. »

(Extrait de la *Rigaldina* 11, 51-60.)

L'enfant noyé ressuscité

« Un enfant de vingt mois, nommé Thomas, dont les parents habitaient près de l'église Saint-Antoine à Padoue, fut laissé imprudemment par sa mère à côté d'un récipient plein d'eau. En rentrant dans la maison, cette femme, voyant les pieds du petit garçon émerger du baquet, s'y précipita. Elle vit que la tête de l'enfant restait en bas, au fond du récipient, tandis que les pieds s'élevaient au-dessus de l'eau. Elle s'enfuit en hurlant, laissant le petit déjà raidi par la mort.

Pleurant et se lamentant à haute voix, elle ameuta tout le voisinage. De nombreuses personnes accoururent, y compris quelques frères accompagnés des ouvriers qui effectuaient des réparations à l'église Saint-Antoine. Ayant constaté que l'enfant était bien mort, ils prirent pitié de la souffrance et des larmes de la mère. Cependant, celle-ci, recourant à l'intercession du saint, entreprit d'implorer son secours ; elle fit le vœu de distribuer aux pauvres la quantité de blé correspondant au poids de l'enfant[1] *si saint Antoine le ressuscitait. Peu après, le bambin revint à lui et fut rendu vivant à sa mère. »*

(Extrait de la *Rigaldina* 11, 69-79.)

Saint Antoine était mort un vendredi ; mais certaines difficultés soulevées au sujet des obsèques et les nombreux miracles opérés au contact de ses restes sacrés firent différer sa sépulture. Il ne fut inhumé que le mardi 17 juin 1232. En ce jour d'impérissable mémoire, les prodiges furent plus nombreux, plus éclatants que jamais. Ce jour de merveille ne pouvait s'oublier ; la reconnaissance et l'admiration des peuples consacrent spécialement le mardi à saint Antoine.

Ainsi on choisissait de préférence le mardi pour aller prier au tombeau du saint. Et c'était une croyance générale à Padoue qu'on obtenait tout ce qu'on demandait en ce jour. Cette dévotion prit un accroissement surprenant en 1617. Une noble dame de Bologne réclamait avec insistance une grande faveur par l'intercession de saint Antoine. Une nuit, elle vit en songe le bienheureux Antoine.

« Visite, lui dit-il, *pendant neuf mardis mon image clans l'église de saint François, et tu seras exaucée. »* La pieuse femme s'empressa d'obéir à cette prescription, et elle obtint ce qu'elle désirait si ardemment.

Les Frères Mineurs divulguèrent aussitôt ce miracle et recommandèrent vivement la dévotion des neufs mardis. Cette pratique se répandit promptement dans toute l'Italie et dans beaucoup d'autres contrées du monde catholique.

La dévotion des peuples ne s'en tint pas là. Le mardi était consacré à saint Antoine : le miracle autorisait cette dévotion. Insensiblement, les fidèles portèrent à

---

[1] Cette forme de vœu portant sur une aumône, se développa ensuite pour devenir le traditionnel pain des pauvres.

treize le nombre de mardis destinés à honorer le saint, et cela en souvenir de sa bienheureuse mort arrivée le 13 du mois de juin. L'Église a sanctionné cette dévotion par son autorité suprême et l'a enrichie de nombreuses indulgences. Ce que l'Église a approuvé sur la terre est approuvé dans le ciel, Dieu l'a montré victorieusement en accordant des grâces sans nombre à la dévotion des treize mardis de saint Antoine.

La vénération à saint Antoine de Padoue dépasse Padoue et rayonne en France

Un jour, une lingère de Toulon, Mlle Bouffier, se trouva dans l'impossibilité d'ouvrir la porte de son magasin. Les serruriers ont en vain essayé toutes les clés ; ils vont enfoncer la porte, ce qui ne va pas manquer d'occasionner des dégâts, et des frais complémentaires, quand la pieuse marchande, instinctivement, invoque saint Antoine qu'elle connaît à peine, et lui fait une promesse imprévue : *« Si vous me faites ouvrir le magasin, je fais une aumône de pain pour les pauvres. »* Une dernière fois, le serrurier désespéré prend une clé dix fois essayée en vain, et la serrure cède, comme par enchantement. Cet incident est merveilleux et symbolique : c'est par cette porte, expose le P. Marie-Antoine, que saint Antoine est entré en France. Car on imite Mlle Bouffier et on obtient des prodiges.

Cette nouvelle se répand très rapidement, ainsi à l'époque par la *Semaine catholique* de Toulouse, puis par l'ensemble de la presse catholique de France. L'œuvre du Pain des Pauvres est désormais partout à l'honneur avec une statue de saint Antoine de Padoue, depuis la plus petite chapelle retirée jusqu'à la cathédrale la plus renommée.

Le choix de Toulon par szaint Antoine nous oblige à croire que le doigt de Dieu est là, rapporte le P. Marie-Antoine, où la France réunit sa flotte, où se pressent, dans ce port magnifique, les géants de la mer, les cuirassés, les blindés, là paraît à fleur d'eau et construit par les Anges, un petit bateau, vaisseau de sauvetage, celui dont parle le Livre des Proverbes quand il fait l'éloge de la femme qui craint le Seigneur : *« Elle est semblable à un petit vaisseau qu'on n'attendait pas, qui arrive de bien loin, vaisseau bien modeste, vaisseau d'un petit marchand, mais rempli d'un pain blanc et délicieux. »* N'est-ce pas, à la lettre, l'œuvre du Pain des Pauvres ?

Cette œuvre a grandi et s'est établie partout et bien au-delà des limites de la France. Saint Antoine, qui voulait faire par elle un admirable commerce de charité et de piété, a parfaitement compris, habile comme il est, que de Toulon, grand port de mer, sa belle œuvre s'étendrait vite jusqu'aux extrémités de la terre. Il ne s'est pas trompé.

LE BOUQUET SPIRITUEL

Prières et dévotion en l'honneur de saint Antoine de Padoue

Qu'on n'oublie pas ces paroles de la Sainte Écriture :

« Dieu n'exauce pas les pécheurs et leurs louanges ne lui sont pas agréables. »

Conseil est donc donné, par le P. Marie-Antoine, de commencer les exercices par une bonne confession, la pureté de la conscience étant la grande condition de la prière.

Litanies du saint

Seigneur, ayez pitié de nous, etc.

Sainte Vierge, Patronne de l'Ordre Séraphique, priez pour nous.

Saint Antoine de Padoue, fils privilégié de Marie, priez pour nous.

Saint Antoine de Padoue, perle de l'Ordre Séraphique, priez pour nous.

Saint Antoine de Padoue, parfait imitateur du Séraphique saint François, priez pour nous.

Saint Antoine de Padoue, enflammé du zèle des apôtres, priez pour nous.

Saint Antoine de Padoue, brûlant de la charité des martyrs, priez pour nous.

Saint Antoine de Padoue, orné des vertus des Confesseurs, priez pour nous.

Saint Antoine de Padoue, resplendissant de la pureté des vierges, priez pour nous.

Prière à saint Antoine

Ô grand et bien aimé saint Antoine de Padouc, du haut du ciel où vous régnez, vous voyez nos combats, nos larmes, nos souffrances. N'abandonnez pas ceux qui vous aiment. Secourez toujours ceux qui vous implorent ! Vous à qui Dieu a donné l'admirable privilège de faire toujours retrouver ce qui était perdu, rendez Jésus à toutes les âmes qui ont eu le malheur de le perdre ; rendez aussi à notre France bien-aimée son antique foi et son antique gloire. Ô bien aimé saint dont l'intercession est toute puissante, obtenez-nous le seul bonheur désirable : aimer Jésus et Marie sur la terre et contempler éternellement Jésus et Marie dans les cieux. Amen !

Prière pour retrouver les choses perdues

Grand saint Antoine, apôtre plein de bonté, qui avez reçu de Dieu le pouvoir spécial de faire retrouver les choses perdues, secourez-moi en ce moment afin que, par votre assistance, je retrouve l'objet que je cherche. Obtenez-moi aussi une foi agissante, une parfaite docilité aux inspirations de la grâce, le dégoût des vains plaisirs du monde et un désir ardent des joies ineffables de la bienheureuse éternité. Ainsi soit-il.

Pater. Ave. Gloria.

Répons Miraculeux
Composé par saint Bonaventure
en l'honneur de saint Antoine de Padoue

100 jours d'indulgence chaque fois ; plénière une fois le mois, pour la récitation quotidienne pendant un mois.

Si quaeris miracula.
Mors, error, calamitas,
Daemon, lepra fugiunt,
Aegri surgunt sani.

Cedunt mare, vincula ;
Membra, resque perditas
Petunt, et accipiunt
Juvenes et cani.

Pereunt pericula ;
Cesset et necessitas
Narrent hi, qui sentiunt,
Dicant Paduani.

Cedunt etc. Gloria. Cedunt etc.

Ora pro nobis, beate Antoni.
Ut digni efficiamur promissionibus Christi.

Oremus.
– Ecclesiam tuam, Deus, beati Antonii confessoris tui commemoratio votiva laetificet, ut spiritualibus semper muniatur auxiliis, et gaudiis perfrui mereatur aeternis. Per Christum Dominum Nostrum. Amen.

(Que la pieuse commémoration du Bienheureux Antoine, votre confesseur, mon Dieu, réjouisse votre Église, afin qu'elle soit constamment munie des secours spirituels, et qu'elle puisse posséder par le mérite un bonheur sans fin. Par Jésus-Christ Notre Seigneur. Amen.)

Prière efficace

Grand saint Antoine, je vous félicite de toutes les prérogatives dont Dieu vous a favorisé entre tous les saints. La mort est désarmée par votre puissance, l'erreur est dissipée par vos lumières ; ceux que la malice des hommes s'efforce d'accabler reçoivent par votre secours le soulagement tant désiré ; les lépreux, les malades et les estropiés obtiennent leur guérison par votre vertu ; les orages et les tempêtes de la mer sont apaisés à votre commandement ; les chaînes des captifs sont rompues par votre autorité ; les choses perdues se retrouvent par vos soins et reviennent à leurs possesseurs légitimes ; tous ceux qui vous invoquent avec confiance sont affranchis des maux qu'ils endurent et des périls qui les menacent ; enfin, il n'est aucune nécessité sur laquelle votre pouvoir et votre bonté ne s'étendent.

Saint Antoine, puissant intercesseur, par toutes ces grâces que le Ciel vous a faites, je vous supplie de prendre un soin paternel de mon âme, de mon corps, de mes affaires et de ma vie tout entière, assuré que rien au monde ne pourra me nuire, tant que je serai sous la conduite et sauvegarde d'un tel Patron et Protecteur. Recommandez mes besoins, et présentez mes misères au Père des Miséricordes, au Dieu de toutes les consolations, afin que, par vos mérites, il daigne me fortifier dans son service, me consoler dans mes afflictions, me délivrer de mes maux ou tout au moins me donner la force de les supporter pour le plus grand bien de mon âme. Je demande ces grâces pour moi et pour tous ceux qui sont dans les mêmes peines et dans les mêmes dangers. Ô parfait imitateur de Jésus-Christ, qui avez reçu le privilège spécial de faire retrouver les choses perdues, je vous supplie de me faire retrouver telle chose, N..., si telle est la volonté de Dieu ; obtenez-moi du moins le repos de mon esprit et la paix de ma conscience dont la privation m'afflige plus sensiblement que la perte de toutes les choses du monde. À ces faveurs, joignez-en une autre : **celle de me tenir ferme dans la possession de ces biens intérieurs et cachés**, en sorte qu'aucune force ennemie ne me les ravisse jamais et ne me sépare de mon Dieu auquel soit honneur et action de grâces, maintenant et toujours. Ainsi soit-il.

Cinq Pater et Ave en l'honneur des cinq plaies. Après chaque Pater et Ave, l'invocation : Saint Antoine de Padoue, priez pour nous, pour l'Église et pour notre patrie.

Prière en l'honneur de la langue de saint Antoine de Padoue

Bienheureux saint Antoine, vous dont la langue bénie a toujours béni et fait bénir le Seigneur, je vous promets de vous être vraiment dévot en imitant vos vertus, et spécialement en gardant ma langue exempte de tout péché et en l'employant, comme vous, à bénir et à faire bénir le Seigneur. Obtenez-moi du Divin Enfant que vous avez le bonheur de tenir dans vos bras, le pardon de toutes les fautes que ma langue a commises ou fait commettre, et la grâce de ne plus jamais m'en servir que pour la gloire de Dieu et l'édification du prochain. Ainsi soit-il.

Exorcisme de saint Antoine de Padoue contre le démon

Voici la croix du Seigneur.
Fuyez, qui êtes ses ennemis.
Le lion de la tribu de Juda, rejeton de David a vaincu !
Alleluia ! (trois fois)
Saint Antoine, grand triomphateur de l'enfer, triomphez encore de l'erreur du vice, et des ennemis du Christ et de la Foi.

Prière pour demander une bonne mort

Ô grand saint Antoine ! Vous qui avez obtenu à tant de pécheurs la grâce de mourir de la mort des justes, soyez, je vous en conjure, mon guide, mon défenseur, et mon appui lorsque devra sonner pour moi l'heure suprême, lorsque mon âme sera sur le point de paraître devant le Souverain Juge. Obtenez-moi en ce moment décisif, une grande confiance en la miséricorde divine, un abandon total à la volonté du Seigneur, une parfaite contrition de tous mes péchés, la grâce inappréciable de recevoir pieusement les sacrements de l'Église, et enfin le bonheur d'expier entre les bras du Sauveur et de sa Sainte Mère en prononçant avec amour leurs noms si doux et à jamais bénis. Amen !

Achevé d'imprimer
en avril 2001
par Goubault Imprimeur S.A.
à La Chapelle-sur-Erdre
(Loire-Atlantique)

Dépôt légal : avril 2001

Imprimé en France